시 인 의   텃 밭

SHIZENNO ICHINENSEI HATAKE WA WATASHI NO MAHO NO JUTAN

Copyright ⓒ Natsuo Giniro 2022
First published in Japan in 2022 by KADOKAWA CORPORATION, Tokyo.

Korean translation Copyright ⓒ chachum 2025
Korean translation rights arranged with KADOKAWA CORPORATION, Tokyo through BC Agency.

이 책의 한국어판 저작권은 BC에이전시를 통해 KADOKAWA CORPORATION, Tokyo와 독점 계약한 출판사 차츰에 있습니다. 저작권법에 의해 한국 내에서 보호를 받는 저작물이므로 무단 전재 및 복제를 금합니다.

# 시인의 텃밭

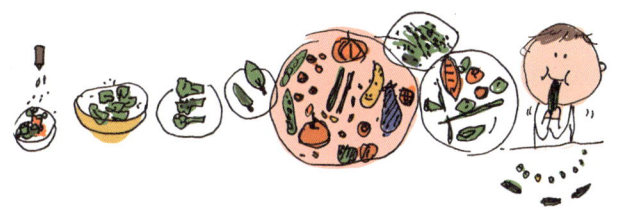

작은 밭을 일구며 주운 시적 순간들
긴이로 나쓰오 지음 | 박은주 옮김

초종

**일러두기**
• 주는 본문에 나란히 표기했으며 옮긴이의 것입니다.
• 기본적으로 외래어 표기법 규정을 따랐으나 통용된 용어나 인물 이름 등은 실용적으로 절충했습니다.
• 외래어는 되도록 우리말로 순화했으나 채소 품종처럼 고유성을 띠거나 원어를 그대로 사용하는 편이 내용 이해에 적합한 경우에는 그대로 두었습니다.

추천 글

## 자연은 살아 있고
## 어떻게든 살아낸다

긴이로 나쓰오 씨의 소꿉장난 같은 소박한 밭을 보라. 처음에는 '애걔걔? 장난해?'라는 생각이 들 정도로 작은 밭 크기에 놀란다. 그런데도 그녀는 자신의 자연농 텃밭을 '마법의 양탄자'라 칭한다. 그녀의 작은 양탄자에서는 대체 무슨 일이 일어나고 있을까?

  초보 텃밭 농부의 사계절이 구체적으로 서술된 이 일기를 들여다본다. 그녀는 농사 경험 1년 만에 두 배 크기의 밭을 갖게 된다. 더는 1년 전 재미 삼아 농사를 시작하던 그녀가 아니다. 이 책 처음과 끝에는 다른 긴이로 나쓰오 씨가 있다.

아주 작게라도 텃밭농을 해본 사람은 공감할 것이다. '겨우 이깟 거 얻어먹으려고 그 고생을 했나?' 그렇지만 어느새 작고 못난 작물들에게 '너무 귀엽다' '너무 사랑스럽다'를 외치고 있는 자신을 만난다. 왜냐고? 내가 키웠으니까! 작물이 씨앗에서 태어나 꿋꿋이 살아낸 과정을 내내 함께했으니까.

채소를 직접 기르다 보면 모두 살아 있는 생명체라는 깨달음이 밀려와 금세 이들과 사랑에 빠진다. 이것들이 소중한 먹을거리라는 사실에 고마움을 느낀다. 언제나 마음속 한편이 밭으로 가 있다. 매일 달라지는 질리지 않는 변화가 그곳에서 나를 기다리고 있기 때문이다. 관심과 애정이 있으니 그만큼 궁금해하고 공부도 한다.

우리가 우주의 신비에 대해 알고 싶다면, 그것도 아주 빠르게 알아내고 싶다면 텃밭을 가꾸면 된다. '자연은 살아 있고 어떻게든 살아낸다'는 근본적인 세상 이치를 알려주기에 언제나 우리 마음을 숙연하게 한다.

긴이로 나쓰오 씨는 이 책에서 '했다' '다짐했다' '해봤다' '다시는 그러지 않기로 했다' '마음먹었다'를 무한 반복한다. 경험하고 관찰하고 결심하고 다짐한다. 그녀의 호기심은 끝이 없고 꾸준히 알아가고 싶은 존재를 마음속에 품고 있다. 그런 현재의 삶이 인생에서 가장 행복한 일 아니겠냐고 우리에게 되묻는다. 더 이상 배울 게 없다고 느낀다면 영혼이 늙은 거라고 하던데 아마도 그녀는 절대 늙지 않을 것 같다.

긴이로 나쓰오 씨의 말을 곱씹어본다. '평온한 마음으로 나름대로 만족하며 살아가길 바란다.' 작은 텃밭을 소유하고 있는 나 역시도 내 텃밭에서 늘 그런 마음을 배운다.

화가, 노석미

여는 글

내가 자연농을
시작한 이유

2년 전(2020년) 여름, 홈센터에서 우연히 본 채소 모종을 사와 마당에 심었다. 오이, 피망, 방울토마토, 오크라. 하지만 그 무렵은 도쿄와 미야자키를 보름마다 오가며 생활하던 시기여서 그것들을 제대로 가꿀 수 없었다. 2주 만에 집에 가면 거대한 괴물 오이 하나가 떡하니 땅에 누워 있었다. 토마토는 너무 익어서 떨어졌고 오크라는 자라지 않은 채 그대로였다. 늘 여기 있는 게 아니라서 채소를 기를 수도 없는데 난 왜 모종 같은 걸 샀을까?

    큰일이었다. 그래도 자라난 것은 대충 요리해 먹었다. 커다란 오이도 얇게 썰어 샐러드로 만들었다. 그때까지만 해도 채소를 키우고 싶은 마음이 그리 크지는 않았다. 그저 꽃모종을 사듯 가벼운 마음으로 쇼핑해 땅에 심었을 뿐. 다만 막연한 가능성을 느끼기는 했다.

'제대로만 하면 나도 채소를 가꾸고 기를 수 있겠어.'

몇 개월이 흘러 어느 가을밤이었다. 혼자 티브이를 보며 밥을 먹다가 순간 고독과 같은 감정을 느꼈다. 적막이 흐르는 밤, 커다란 공간에 홀로 덩그러니 있는 나. 고요한 마당과 떠들썩한 티브이 소리 그리고 밥. 뭔가 쓸쓸했다. 가슴 한구석이 썰렁해지며 슬픈 듯 무서운 느낌이 차올라 터지기 일보 직전이 되었다. 으음… 그 감정을 고독감이라 불러도 될지 모르겠지만 혹여 남은 생을 이런 기분으로 살아가야 한다면 그건 분명 싫었다.

지금까지 나는 자유로이, 가능한 한 내 마음대로 살아왔다. 늘 하고 싶은 일로 가슴이 벅차서 외로움 따위는 크게 느끼지 않았다. 혼자가 되면서 얻은 자유로 남은 생이 외로워진다면 그 인생은 실패가 아닐까? 그렇게 되고 싶지는 않다.

'어떡하지? 어떻게든 해야 해.'

당시 아들은 취업에 성공해 이듬해 봄에 이사를 나갈 예정이었고 딸은 일찌감치 독립한 상태였다. 그러면 나는 도쿄 임대 맨션에서 혼자 지내야 했다. 일은 미야자키에서도 할 수 있으니 굳이 도쿄에 집을 빌리면서까지 혼자 살 필요는 없었다. 무엇보다 도쿄에 계속 살고 싶지 않았다. 특별히 미야자키 집으로 돌아가고 싶은 것도 아니었지만, 그때는 코로나가 유행이었고 내가 이 일을 앞으로 얼마나 계속하게 될지도 확신할 수 없었다. 이런 상황에 집세를 내지 않아도 되는 우리 집으로 돌아가면 경제적인 면에서 거의 해방이다. 여러 가지를 고려할 때 '기꺼이'까지는 아니어도 '뭐, 어쩔 수 없지. 이 또한 자연의 섭리'라는 마음으로 미야자키행을 택했다.

지금껏 나는 어딘가에 살면서도 그곳에 정주하고 싶다고 생각한 적이 없다. 이곳저곳 옮겨 다니며 여행자와 같은 마음으로 하루하루를 지냈다. 어딘가에는 '평생을 보낼 우리 집'이, 사람들이 종종 말하는 '운명의 장소'가 있지 않을까 기대한 날도 있다. 하지만 그런 곳은 없었다. 20여 년 전쯤 미야코섬에 꽂혀서 땅까지 샀지만 상황이 뜻대로 되지 않아 결국 미야자키에 있는 본가 근처에 지금의 집을 지었다. 부담이 가장 적을 것 같아서였다. 그러고는 몇 년이 지나 다시 도쿄에 집을 얻어 아이들과 생활했다.

살면서 고독을 느껴본 적이 별로 없다. 젊었을 때는 고요하면서도 투명한, 아름다운 외로움에 간혹 젖었지만 그 감정에는 보이지 않는 미래를 향한 긴장과 흥분이 섞여 있었다. '앞으로 길고 긴 인생을 살아야 한다.' 이렇게 생각하면 금세 가슴이 벅차고 분주해지는 것 같았다.

늘 벅차오르는 기쁜 마음과 앞이 보이지 않는 혼돈에 강하게 이끌려 시나 그림, 사진집을 만들어 왔다. 그렇게 일하며 두 번의 결혼, 출산, 이혼, 그리고 아이들을 보살피는 나날이 이어졌다. 일에서 충만감을 얻었고 자식 농사에서 책임과 기쁨을 느꼈다. 이런 순간순간이 나를 가득 채워줬다고 생각한다. 이제 와서 이혼한 이유를 곰곰이 떠올려 본다. 나는 스스로 생각해서 결정하고 그 결과를 오롯이 살아보고 싶었다. 그렇게 했을 때 내 인생이 어찌 될지 보고 싶었다. 결론적으로 나는 다른 사람과 협력해서 살아가는 게 맞지 않았다. 아무리 상대방이 바뀌어도 결과는 같았을 것이다.

봄부터 혼자인 삶으로 돌아간다. 일도 결혼도 아이들 뒷바라지도 끝났고, 이제 인간으로 태어나 해야 할 도리는 거의 다했다는 생각이 든다. 이제부터가 진짜 자유로운 인생 시작이다. 지금까지 어디에도 뿌리내리지 않았던 내가 자기가 나고 자란 집에 뿌리를 내린다면 어떤 기분이 들까? 아까와 같은 고독이나 외로움을 느끼며 살고 싶지는 않은데. 내게 만족감을 줬던 일과 자식 농사를 내려놓더라도 내 생명 자체만으로 충만감을 얻고 싶다. 나를 외롭지 않게 하는 그 무언가, 다른 것에 의존하지 않는 일생의 무언가를 찾고 싶다.

지금까지는 글쓰기가 있어서 괜찮았다. 책을 통해 나를 표현할 수 있으면 그것으로 충분했다. 앞으로 일의 수요가 확 줄어도, 더는 일을 하지 않아도, 더 나이가 들어 신체 활동이 내 맘대로 되지 않더라도, 뜻밖의 사회 변화나 천재지변이 일어나도, 평온한 마음으로 나름대로 만족하며 살아가길 바란다.

그러려면 고독감을 떨쳐야 한다. 앞으로 내 삶에 뭐가 필요할까? 강하면서도 한없이 자유로운 무언가. 젊은 시절, 멋진 순간을 충만히 누렸던 것처럼 죽을 때까지 그렇게 살고 싶다. 그렇지 않으면 어딘가 잘못될지도 모른다. 설령 인생이 원래 그런 거라 하더라도 고독과 같은 감정에 휩쓸리지 않으려면 방법이 필요하다. 어떻게 살아야 할까?

시간이 날 때마다 다양한 유튜브 영상을 보곤 한다. 그중 하나가 '자연농' 관련 채널이다. 채널명은 '섬의 자연농원'島の自然農園으로 에히메현에 위치한 섬에 사는 자연농 농부가 그날그날 작업을 소개하는 내용이다. 영상 말미에는 언제나 그날 든 생각이나 자연농의 스승 격인 가와구치 요시카즈川口由一 씨가 남긴 말을 들려줬다. 어느 날은 이렇게 말했다.

"풍요란 물질의 많고 적음이 아니라 풍요롭다는 감각이 가슴 깊은 곳에서 솟아오르는 것입니다."

나는 직업 특성상 공감 능력이 매우 강한 편이다. '가슴 깊은 곳에서 솟아오른다'라는 말을 들었을 때 정말로 내 안에서 무언가가 복받쳐 훅 올라오는 기분을 느꼈다. 그리고 이어진 말이 다시 한번 마음을 울렸다.

"채소를 적게 수확해도 거기에는 질 높은 생명이 응축되어 있다고 생각하면 됩니다. 우리 몸과 마음이 질 높은 생명을 섭취한다면 아주 적은 양으로도 건강하고 즐겁게 살아갈 수 있어요. 우리가 건강하게 살아가는 데는 생각보다 많은 생명이 필요하지 않아요. 이 사실을 확실히 아는 게 중요합니다. 이 점을 이해하면 아주 깊은 안도감을 얻게 될 거예요."

아주 깊은 안도감. 내 고독을 불식할 존재는 바로 그거였다. 지금까지 책 집필로 그 감정을 채웠다면 앞으로는 더 본질적이고 여유롭게 무엇에도 의존하지 않은 채 중심을 잡을 수 있어야 한다. 어쩌면 그게 '자연농'일지도 모른다. 머릿속이 순간 번뜩였다. 아직 확신은 없지만 안도감을 주는 무언가가 분명히 있을 것 같다.

어느 가을날, 냉장고 채소 칸에서 뿌리가 숭숭 난 마늘을 발견했다. 근처 직판장에서 산 마늘인데, 낱알로 분리된 채 비닐에 담겨 있었다. 재배한 사람 이름도 적혀 있었다. 작고 껍질이 연한 자주색 마늘. 품종은 사쓰마 마늘인 모양이다. 작은 알갱이에서 나온 무수한 뿌리를 보니 이제 먹을 수 없을 듯해 버려야 하나 고민이 됐다.

'마당에 심어볼까? 아무렴 버리는 것보다 낫지 않을까?'

마늘 서른 알 정도를 들고 현관 옆 화단으로 향했다. 그곳은 여름에 피망과 오크라를 심었던 장소다. 좀 축축한 게 그리 좋은 흙은 아니지만 땅에 움푹 구멍을 내고 마늘을 한 알, 한 알 집어넣었다. 뿌리가 아래를 향하도록 놓고 흙을 덮어 누르면서 톡톡. 열흘이 지나 그 자리를 보니 하나를 거꾸로 심었는지 흙이 불룩 솟아 있다. 황급히 흙을 파헤쳐 위아래로 방향을 바로잡아 다시 심었다. 발아의 힘은 실로 굉장하다. 주변 다른 마늘에도 초록색 싹이 돋아나고 있었다.

시간이 흘러 11월이 됐다. 지금까지는 보름 주기로 미야자키를 다녀갔는데, 겨울에는 마당에서 특별히 할 일이 없으니 굳이 내려올 필요는 없다. 봄철 이사 준비도 해야 하기에 3월까지는 도쿄에 머물기로 했다. 대신 완두콩과 기누사야 |きぬさや, 껍질째 먹는 완두콩| 씨를 밭에 뿌려놓고 갔다.

도쿄에서도 '섬의 자연농원' 영상을 즐겨 봤다. 그러다가 '봄부터 자연농을 하고 싶다'는 마음이 점점 커졌다. 나도 자연농을 실천하며 마음 깊은 곳에서 올라오는 풍요로움을 느껴보고 싶었다. 다른 사람 기준에 현혹되지 않는 절대적인 경지에 이르고 싶다. 아무것도 신경 쓰고 싶지 않다.

이게 내가 자연농을 시작하려고 마음먹은 동기다. 이후 가와구치 요시카즈 씨나 다른 자연농 관련 책을 몇 권 사서 읽었다. 여전히 모르는 부분이 많아서 일단 시작한 뒤 직접

경험하며 배워보기로 했다. 그 무렵에는 관행농법, 유기농 농법, 자연농법, 자연농 등이 확실히 구분되지 않았다. 심지어 처음에 '관행농법'이라는 말을 들었을 때는 '관광 농법|일본어로 관행(かんこう, 慣行)과 관광(かんこう, 観光)은 발음이 같고 의미가 다른 동음이의어|'인가 싶었다. '뭐지? 관광 관련 농법인가?' 물론 아니었다.

자연농의 기본은 1) 경작하지 않기 2) 비료·농약 사용하지 않기 3) 풀이나 벌레를 해롭게 여기지 않기 세 가지다. 이 기본을 처음 알았을 때 귀차니즘이 절정인 나와 자연농은 어쩌면 꽤 잘 맞을지도 모르겠다고 생각했다. 계량이 서툴러서 비료나 농약을 주는 일은 싫다. 땅을 갈지 않아도 된다면 편하겠지. 제초 작업도 열심히 하지 않아도 되니 좋다. 벌레는… 싫은 벌레도 있지만, 살충제를 뿌리지 않는 건 그것대로 좋다.

봄에 집으로 돌아오니 놀랍게도 완두콩과 기누사야가 울타리를 감고 올라와 주렁주렁 열매를 맺었다. 따서 한입 먹어봤다. 그냥 내버려둬도 식물은 열매를 맺는다.

언제나,
적은 양이라도
무언가 먹을거리가 있다.

그 신기함과 고마움,
재미, 평온함,
안도감…

길을 사이에 둔 밭에서 키우는
나의 작은 채소들…
그 뿌리가 내 안으로 이어지는
느낌이 든다.
저 너머에 나만을 위한
먹을거리가 있다.

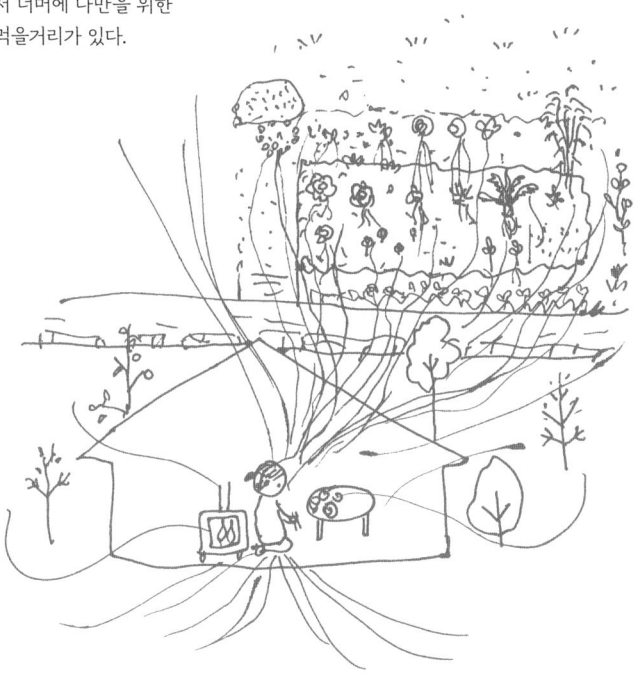

차례

추천 글
  자연은 살아 있고 어떻게든 살아낸다 5

여는 글
  내가 자연농을 시작한 이유 8

1막  봄, 시작
  이랑 만들기는 세계를 창조하는 일 24
  텃밭을 알아가는 시간 33
  마침내 나도 바람개비 주인 43
  텃밭 사진 일기 _ 봄 편 52

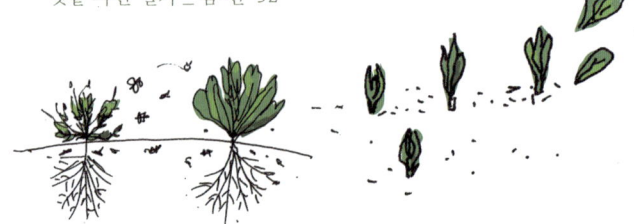

2막　초여름과 여름 사이

　　내가 가꾼 채소를 천천히 맛본다 62
　　나만의 계절 맛을 찾고 있다 68
　　작은 그릇 안의 우주 76
　　씨앗 심을 만한 자리, 더 없을까? 84
　　텃밭 사진 일기 _ 초여름~여름 편 95


3막　계절의 갈림길에서

　　땅은 언제나 필요한 만큼 내준다 106
　　'필요'가 이끄는 기쁜 노동 114
　　눈에 보이는 것과 보이지 않는 것 120
　　벌레와 세균, 우리 모두 애쓰고 있다 128
　　원 없이 심고 원 없이 후회하기 137
　　텃밭 사진 일기 _ 계절의 갈림길 편 144

### 4막 가을 수확

목표는 언제나 먹을 만큼만 158

가꾼 작물을 아이들에게 보내다 165

서리 내린 텃밭을 둘러보며 173

관심을 두고 꾸준히 알아가고 싶은 것 182

텃밭 사진 일기 _ 가을 편 188

### 5막 움츠리지 않는 겨울

강한 생명력은 계속된다 198

추우면 추운 대로, 적으면 적은 대로 203

텃밭 생활로 바뀐 음식과 나의 관계 214

씨앗 정리 223

추운 겨울의 완벽한 맛 228

텃밭을 정비하는 2월 238

텃밭 사진 일기 _ 겨울 편 244

## 6막 다시, 봄을 기다리며

먹을 게 없다 256

새로운 이랑을 세우다 263

성큼 다가온 봄 271

키우고 싶은 꽃과 채소를 택하는 일 280

설렘과 권태 사이에서 286

3월 하순, 꽃봉오리가 봉긋 291

텃밭 사진 일기 _ 다시, 봄 편 302

## 마치는 글

한 해가 지나고 대망의 4월 2일 311

1막

봄, 시작

## 이랑 만들기는
## 세계를 창조하는 일

자연농 관련 책을 조금씩 읽어보니 괭이로 땅을 일구는 작업은 처음 이랑을 만들 때뿐이란다. 한 번 이랑을 만들면 가능한 한 흙을 움직이지 않도록 잡아줘 몇 년이나 계속 농사를 지을 수 있다. 베어낸 풀로 땅을 덮어두면 그것들이 썩으면서 흙으로 돌아가 영양분을 만든다.

해서 이랑 만들기는 곧 마을 만들기, 나라 만들기, 세상 만들기와 같다. 세계를 창조하는 일인 셈이다. 미니어처 정원, 도시 설계, 집 정원 꾸미기와도 비슷하다. 그래서인지 이랑 만들기가 꽤 신성한 행위처럼 여겨졌다.

먼저 자연농을 하는 사람들 사이에서 입소문이 난 '미미즈 상점|みみず屋, 농사에 필요한 다양한 물건을 파는 곳(http://blog.mimizu-ya.jp/)|'에서 괭이와 톱낫을 주문했다. 기본적으로 이 두 가지와 삽만 갖춰도 밭을 가꿀 수 있다고 한다. 씨는 '노구치 씨앗|野口のタネ, 씨앗 파는 곳(https://noguchiseed.com/hanbai/)|'에서 여러 개 주문했다. 처음이니 여러 종류의 채소를 심고 상태를 지켜보고 싶었다. 첫술에 배부를 리 없으니 3년 정도는 경험이라 생각하려 한다. 무의 상태에서 찾아오는 깨달음을 중시하자. 그런 마음으로 2021년 4월 2일, 이랑 만들기 시작!

지금 밭은 예전 어머니가 일구던 집 앞 땅의 한 모퉁이에 불과하다. 어머니 밭은 한때 매화밭이었는데, 얼마 지나 매화나무는 잘려 나갔고 지난 10년간은 풀만 무성했다. 그래서 오빠가 가끔 풀을 베거나 경운기로 흙을 갈아주곤 했다. 그 땅 중 도로에 접한 4×13미터 정도를 빌려 1.2×10미터 면적의 이랑을 세우기로 했다.

양미역취와 띠|동아시아 온대 지역에 분포하는 여러해살이풀| 같은 여러해살이풀이 무성히 자라나 있다. 땅 윗면을 덮은 이것들을 먼저 톱낫으로 베어낸다. 그리고 길이를 재서 통로가 될 너비만큼 삽으로 퍼 홈을 냈다. 퍼낸 흙은 이랑 쪽으로 퍼 올린다.

그런 다음 흙을 평평하게 다지면 완성. 드디어 긴 직사각형 나라의 기초가 마련되었다.

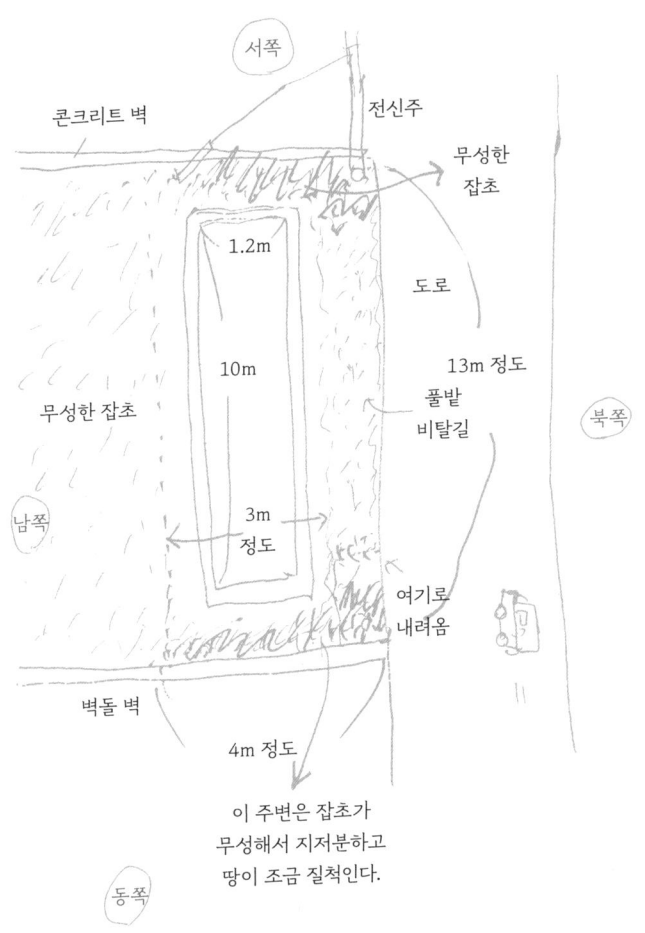

풀이 자란 자리에

이랑을 만든다.

완성! 누워서 만세!

톱낫으로 벤 풀을 깔고 씨 뿌리기.

소송채 싹이 올라왔다. 너무 촘촘하게 뿌렸는지 수북!

도로에서 밭 동쪽을 내려다본다. 바로 이 아랫부분이 질퍽해서 힘든 구간.

이랑을 만들고 나면 씨뿌리기다. 먼저 씨 뿌릴 자리에 난 다년초 뿌리를 톱낫으로 삭둑삭둑 베어내야 한다. 그런데 풀이 무성히 자란 곳이라 그런지 풀을 베려고 보면 커다란 지렁이로 그득했다. 지렁이를 베고 싶진 않은데… 얘네가 잘리면 어떡하지? 톱낫을 땅에 대는 게 무섭다. 으읏, 지렁이는 정말 질색이다.

땅속줄기에서 뻗어난 풀뿌리가 많았지만, 결국 자르지 못한 채 표면만 대충 다듬고 거기에 씨를 뿌렸다. 상추 세트, 시금치, 지지미나|ちぢみ菜, 소송채보다 잎이 두껍고 잎 표면에 주름이 많은 배추과 채소|, 브로콜리, 양배추, 유채, 작은 순무, 래디시|ラディッシュ, '20일 무二十日大根' '적환무'라고도 부른다|, 무, 당근, 토마토, 가지, 피망… 수채화 팔레트 칸을 채우듯 30센티미터 사방 땅에 십여 종의 씨앗을 차례대로 뿌렸다. 그 윗면은 베어낸 풀로 덮어줬다. 매일매일 상태를 보러 갔다. 며칠 뒤 작게 싹이 트기 시작한 걸 보고 얼마나 기쁘던지. 그런데 이내 실패를 깨달았다. 파릇파릇한 싹이 잔뜩 올라왔지만, 그 사이사이로 가느다란 바늘 같은 다년초 싹도 삐죽삐죽 모습을 보였다. 아마 띠나 노랑원추리 싹이겠지. 보이는 대로 다 뽑으려 했는데, 띠는 윗부분만 빠지고 노랑원추리는 툭 하고 끊어졌다.

다년초 식물은 뿌리가 땅속 깊이 넓게 퍼져 있어 뽑아도 끊어진 부분부터 다시 새순이 돋아난다. 땅 위로 올라온 것들이라도 없애려 했는데, 그 작업이 만만치 않았다. 땅바닥에 얼굴을 푹 숙이고 정성껏 뽑았다. 쑤욱, 툭. 쑤욱, 툭. 애초에 다년초 뿌리를 확실히 뽑았어야 했다. 이미 늦어버렸지만. 흙을 갈아엎으면 이 작은 싹들이 상처를 입는다. 그래서 등을 구부려 땅 위의 잡초를 하나씩, 하나씩 제거해야 한다. 뽑아도 뽑아도 계속 나온다. 엄청난 스트레스다. 다음에는 반드시 다년초 뿌리를 말끔히 제거한 뒤 씨를 뿌리리라 결심한다.

씨뿌리기에 실패한 원인이 하나 더 있다. 씨앗 봉지에 작은 씨도 셀 수 없을 만큼 넉넉하겠다, 싹도 잔뜩 올라왔으면 싶은 마음에 좁은 간격마다 촘촘히 씨를 뿌린 탓이다. 결과는 아주 빽빽하게 싹이 났다. 해서 김을 매는 동시에 솎아내기 작업을 시작했다. 비좁은 틈에서는 잡초를, 빽빽이 싹이 난 부분에서는 새싹을 뽑아내는 등 꽤 신경을 썼다. 솎아낸 싹은 아까우니 그릇에 모았다가 먹어야겠다.

솎아낸 채소의 새싹. 새순. 몇 개를 씻어서 하나씩 맛을 봤다. 그리고 그 맛에 놀랐다. 싹마다 맛이 다른 건 기본이고 채소 자체의 맛을 제대로 품고 있다. 아니, 정확히는 더 진하게 맛이 응축되어 있다. 파의 고운 새순은 바늘처럼 얇고 가는데 파의 깊은 맛이 난다. 유채도 무도 양배추도 마찬가지다. 굉장하다. 그러고 보니 작년 가을에 시험 삼아 화단에 심었던 우엉도 그랬다. 작은 싹 두 개가 맞닿아 올라와 하나를 뽑았는데, 뿌리가 1센티미터 정도인데도 제법 우엉 모양새를 하고 있었다. 먹어보니 정말로 우엉 맛이 났던 게 떠올랐다.

4월 말, 텃밭 위 팔레트 칸마다 다양한 채소 싹이 늘어서 있다.

한데 모은 새싹의 촘촘한 뿌리마다 흙이 잔뜩 묻어 있다. 그릇에 옮겨가며 헹구기를 여러 번, 겨우 깨끗해진 싹을 크기가 작은 그릇에 담아 혼자 먹을 양의 새싹 샐러드를 만든다. 소금, 후추와 아마씨오일을 뿌린 뒤 푹 퍼서 맛을 음미하며 천천히 씹는다. 실로 귀한 음식을 맛보는 기분이다. 순수한 생명 그 자체의 맛이라고나 할까!

지금까지 먹어본 샐러드와는 차원이 다른 맛을 경험했다. "질 높은 생명이 응축되어 있으면 아주 적은 양이라도 충분하다"는 말이 다시금 떠오른다.

'이거 참 좋네'라는 생각에 흐뭇해졌다.

씨를 너무 촘촘히 뿌려 열심히 솎아낸 새싹들. 작아도 아까우니 샐러드로 변신!
싹도 채소마다 맛이 전부 다르다. 작은 싹이라도 자기 맛이 분명하다.

## 텃밭을
## 알아가는 시간

씨를 잔뜩 뿌려서 그런지 싹은 어느 정도 나왔다. 빽빽하긴 하지만 그런대로 조금씩 자라고 있다. 개중에는 싹이 나지 않은 것도 있다.

홈센터에 가면 각종 모종이 진열되어 있다. 방울토마토, 호박, 오크라, 수박 등등. '꽤 자란 애들이네' 하고 생각하며 모종들을 바라본다. '나도 그냥 모종을 사서 심어볼까?' 꽤 자란 모종을 사다 심으면 굉장히 편할 거다. 조금은 반칙 같은 기분이 들어 내키지 않으면서도 한편으로는 좋은 생각 같다.

그렇게 모종을 사고 말았다. 이랑 옆 비탈길 아래쯤에 그것들을 옮겨심었다. 호박과 수박잎에 벌써 넓적다리잎벌[잎의 가장자리부터 갉아 먹는 병해충의 일종]이 찾아왔다. 비닐을 잘라 둘렀는데도 큰 효과는 없어서 포기하고 그대로 두기로 했다. 벌레가 갉아 먹어 이파리가 전부 없어질지도 모르겠다. 방충망을 사서 덮어도 봤지만 뭔가 아닌 듯싶어 떼어버렸다.

얼마간 시간이 흐르고 씨앗부터 키운 채소와 모종으로 키운 채소가 조금 다르다는 사실을 깨달았다. 홈센터에서 사온 채소 모종은 초반에는 큼직하니 잘 자란 듯 보여도 밭에 옮겨심으면 벌레가 잔뜩 꼬인다. 그 녀석들이 잎을 죄다 갉아 먹는데 그대로 두면 어느덧 잎이 다시 무성해진다. 직접 씨를 뿌려 키운 채소는 처음 성장이 더디다. 특히 토마토, 가지, 피망은 너무 안 자라서 거의 두 달 동안 싹만 나온 채로 있었다. 겨우 몇 센티미터 크기로.

가령 토마토는 몇 달 동안 계속 2~3센티미터 크기여서 이미 죽은 줄 알았는데, 여름이 되고 8월이 지나면서 쑥쑥 자랐다. 9월 이후 모종 토마토가 풋마름병[식물이 병원균에 감염되어 시들어 가는 세균 병]을 얻어 시들어버린 뒤로도 씨앗 토마토는 계속 성장했다.

모종에 담긴 흙에는 영양분이 많다. 그게 처음에는 성장

이랑 왼쪽에 오늘 산 토마토, 가지, 피망, 고구마 모종을 옮겨심었다.

에 도움을 주지만 식물은 약한 상태일 수 있다. 씨앗부터 키운 채소는 자라는 속도는 느려도 자체가 튼튼해서 오래가는 걸지도. 올해 우리 밭 상황은 이런데 일반적으로는 어떤지 잘 모르겠다. 어쨌든 내가 받은 인상은 그렇다.

와중에 긴 고추 모종과 둥근 고추 모종이 잘 자라줘 다행이다. 모종이 진열된 가게에 갈 때마다 다양한 채소를 키워보고 싶은 마음에 둘러보다 이것저것 사 오곤 했는데, 이 깨달음 뒤로는 그럴 기분이 들지 않았다. 자연스레 모종 가게에 갈 일도 없어졌다.

씨앗부터 내 손으로 직접 키운 채소, 나는 이쪽에 더 끌린다. 확실히 다른 무언가가 있다. 아직도 이유는 정확히 모르겠지만.

자연농의 기본, 밭 주변에 자라난 풀(잡초)은 틈틈이 베어 땅 윗면을 덮어준다. 이렇게 하면 흙이 마르는 것을 방지할 수 있고 비료 역할도 한다. 맨땅이 보여서는 안 된다는 것이다. 그래서 나도 이랑 위쪽이나 주변에 자라난 풀을 베어서 땅에 깔아줬다. 그런데 농사를 막 시작한 봄에는 뽑을 풀이 마땅치 않아 땅에 깔 풀도 같이 모자라는 일이 종종 발생했다. 빳빳하고 억센 풀보다 보드라운 풀이 더 좋을 것 같아서 밭 주변을 서성이지만, '저게 좋겠다' 싶어 종종걸음으로 가서 베어 오면 겨우 한 움큼이다. 너무 적은 양이다.

그날도 그런 식으로 새로 자란 풀을 조금씩 베어 채소 싹 옆에 깔아뒀다. 조금씩 베고 깔아놓기를 몇 차례 반복하다 보니 이제는 정말로 눈에 들어오는 푸릇한 풀이 하나도 없다. 어쩔 수 없이 조금 거친 녀석들을 베어 바닥에 깔았다. 거친 풀을 베고 깔기를 반복했다. 그때 갑자기 근처에 방사형으로 무성하게 펼쳐진 여린 풀들이 눈에 들어왔다.

'우와! 이리 가까이에 좋은 풀이 있었네!'

부랴부랴 그 풀을 베어서 깔았다. 그리고 순간 깨달았다. 이 풀은 얼마 전까지만 해도 풀베기 힘들다며 내가 꺼리던 녀석이었다. '제초는 힘들어'라는 말이 절로 나오게 했던 그 풀. 그때는 풀을 주기적으로 베어내야 한다는 게 귀찮은 일로만 여겨졌다. 하지만 지금 나에게 잡초는 채소에 꼭 필요한 양분이다. 보물처럼 소중한 존재다. '잡초 따위 없어졌으면 좋겠다'고 생각했던 사고에 전환이 일어난 셈이다.

땅 윗면이 드러나면 안 된다고 해서 자연농을 막 시작할 무렵에는
아주 정성스럽게 흙을 풀로 덮어줬다.

목적이 바뀌면 가치도 바뀐다. 싫어하는 게 소중한 무언가가 된다. 이 체험이 내게는 너무도 충격적이었다. 변화의 가능성을 절실히 깨달았다.

마늘은 어떻게 되었을까? 작년에 냉장고 채소 칸에서 싹을 냈, 그래서 화단에 심은 그 마늘 말이다. 마늘잎 끝이 노랗게 변하면 수확해도 된다길래 땅을 파보았다. 수확 시기는 대략 6월경이라는데 지금은 아직 5월이다. 하지만 궁금함을 참지 못해 결국 땅을 파버렸다. 살짝 흙을 파보니 둥글고 작은 마늘이 맺혀 있다! 우와!

아직 좀 이른 것 같지만 손이 멈추질 않는다. 전부 십여 개. 원래 작은 마늘이어서 그런지 개중에서도 작은 마늘은 여러 개로 나뉘어 있지 않고 밤이나 물방울 모양처럼 하나의

냉장고에서 싹을 낸 마늘. 마당에 심었더니 자그마하면서도 앙증맞은 마늘이 열렸다!

둥근 마늘로 자라고 있었다. 귀여워!

    수확의 기쁨을 느꼈다. 완두콩 때도 물론 기뻤지만, 마늘을 심었더니 땅속에서 열매를 맺다니 또 다른 감동이었다.

　　　　　　　　　▦

자세히 들여다보지 않으면 알 수 없을 정도로 자잘한 싹만 틔운 이랑이 너무 허전해 보인다. 하루빨리 생기 가득하고 초록으로 짙게 물든 밭을 보고 싶다고 생각했다. '그래, 꽃을 심자! 꽃과 채소가 공존하는 정원 같은 밭을 만들고 싶어.' 그렇게 곧장 꽃모종을 사러 나갔다.

    지금 생각해 보면 얼마나 안일한 생각이었는지. 그래도 그때는 꽤 들뜬 상태였다. 마리골드는 키우기 어려운데도 해충 퇴치에 좋다는 이유로 채소 모종과 함께 꾸준히 잘 팔린다는 얘기를 들었다. 그렇구나, 하는 마음에 마리골드 몇 개를 집어 들었다. 그 밖에 빨강, 주홍, 오렌지, 노랑 등 색색의 맨드라미와 백일초, 미니 해바라기, 우선국, 댑싸리, 올리브 나무까지. 이것들을 이랑과 주변에 심었더니 밭이 제법 근사해졌다. '아, 좋다, 좋아!'

6월 초 어느 맑은 날. 밭에 마리골드를 비롯한 다양한 꽃을 심어봤다.

망설임 끝에 올리브나무는 이랑 한가운데 심었다. '올리브나무가 버티고 서 있는 밭이라니 너무 근사하다!' 밭 북동쪽 모퉁이 풀밭 비탈길에는 자귀나무 모종을 심었다. 이 모종은 우리 집 마당에 있던 나무가 틔운 싹 부분을 꺾꽂이한 것이다. 서쪽 끝 편에는 레몬 모종을 심었다. 허전했던 밭이 점점 풍성해진다.

그! 런! 데! 꽃은 채소가 자라는 걸 방해했다. 결국 마리골드도 백일초도 이랑 밖으로 밀려나는 신세가 되었다. 올리브나무도 겨울이 되면 옮겨심어야 할 것 같다. 정원 같은 밭이라니 너무 한가로운 생각이었나? 집 앞 마당이라면 모를까 이렇게 작은 밭에서는 되도록 다양한 채소를 키워보고 싶다는 쪽으로 마음이 기울었다. 앞으로 꽃은 밭 주변에만 심어야지.

## 마침내 나도
## 바람개비 주인

밭에 꽂힌 채 빙글빙글 돌아가는 각양각색의 바람개비가 자주 눈에 들어왔다. 밭이 생기기 전에는 그저 정겨운 마음으로 바라보기만 했다. 장식인가? 새를 쫓아내거나 두더지를 퇴치하려고 꽂아뒀나? 어쨌든 내 세계와는 거리가 먼 얘기였다.

그런데 지금은 아니다. 주로 자연농을 하는 사람들 밭에서 바람개비가 돌아가고 있었다. '저게 뭘까? 나도 갖고 싶다.' 우리 밭에도 두더지가 있다. 바람개비가 있으면 더는 새나 두더지가 안 올지도 모른다. 설령 효과가 없다 해도 귀여우니까 그걸로 충분하다. 직접 만들어볼까 싶어 알아도 봤지만 금세 귀찮아졌다.

그러다 며칠 전, 길가 휴게소에 있는 모종 가게에 들렀을 때 손수 만든 노란색 바람개비를 발견했다. 페트병에 색을 칠해 만든 이 바람개비는 딱 한 개뿐이었고, 가격은 200엔이었다. 이 가게에서 바람개비를 파는 건 처음 봤다. 흠, 잠깐 고민하고 나서 사기로 결심했다. 계산대로 들고 가니 "직접 만든 바람개비예요. 마지막 하나 남았어요"라고 말했다. 그걸 내가 사다니 잘되었다.

사 온 바람개비는 곧장 밭 중앙에 꽂았다. 그러자 힘차게 빙글빙글 돌기 시작했다. '우와, 멋지다. 신난다! 드디어 나도 바람개비 주인이다!'

그날부터 우리 밭 바람개비는 매일매일 빙글빙글 돌았다. 며칠 전에 매우 강한 바람이 몰아쳐서인지 밭에 갔더니 늘 부지런히 돌던 노란 바람개비가 보이지 않았다. 대나무 지지대는 그대로 꽂혀 있는데 날개는 어디로 가버린 거지? 주변을 둘러보니 날개가 바닥에 떨어져 있었다. 바람이 세게 불어 고정핀 부분이 빠졌던가 보다. 한참을 둘러봤지만 고정핀은 찾지 못했다.

어깨를 축 늘어뜨린 채 바람개비를 집으로 가져왔다. 언

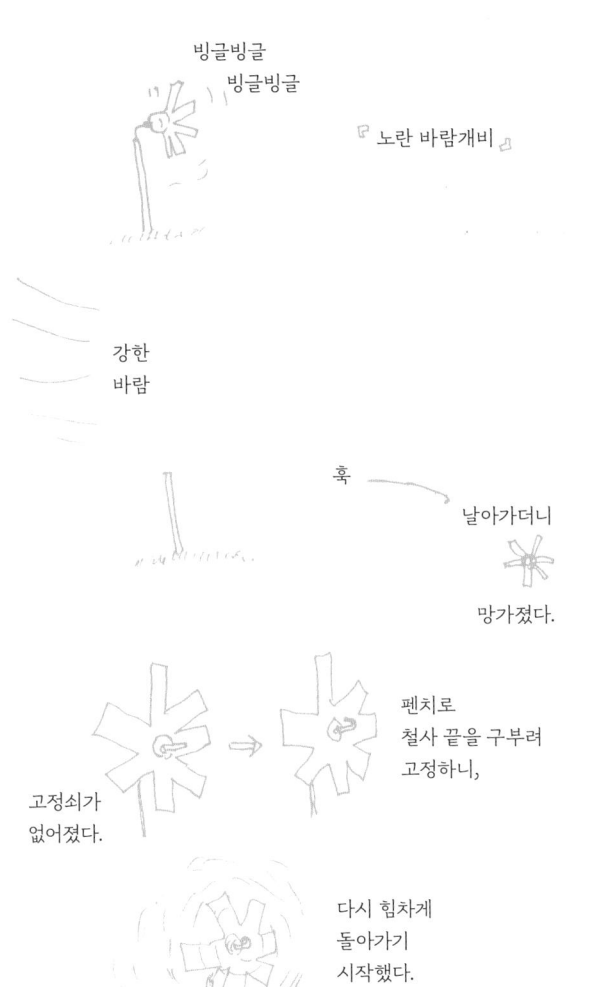

제나 팔랑팔랑, 힘차게 돌아가던 바람개비를 이대로 포기해야 하나? 어떻게 고칠 방법이 없으려나? 고정핀이 없어도 철사를 이용하면 해결될지도 모른다. 펜치를 꺼내와 바람개비 날개 가운데 부분에 철사를 끼운 뒤 끝을 구부려 고정해 봤다. 그러자 다시 빙글빙글 돌기 시작했다!

 다행이다! 바람개비는 그 뒤로도 같은 자리에서 매일, 열심히 돌아간다. 이게 내 자연농 동료나 마찬가지다.

솎아낸 채소 중 자잘한 녀석들은 주로 샐러드로 만들어 먹는다. 그런데 조금 더 자란 채소는 애매하다. 다른 곳에 심으면 더 자랄 것 같은데. 그래서 밭의 여유 공간을 찾아 옮겨심어 봤다. 뿌리를 내리면 그만이라는 가벼운 마음이었다.

 결과는 어디에, 어떤 채소를, 얼마만큼 자랐을 때 옮겨심었는지 알 수 없는 복잡한 상태가 되어버렸다. 잎만 봐서는 그게 무엇인지 도무지 모르겠다. 그저 밭 여기저기에 푸르른 녀석들이 열심히 자라고 있다. 이름 모를 잡초까지 함께인 것 같다.

특별히 촘촘하게 여기저기 심은 채소는 치커리, 상추, 쑥갓, 파, 소송채, 시금치였다. 이것들마저 구별이 안 된다. 하도 밭 이곳저곳을 슬쩍슬쩍 파헤쳤더니 이랑 표면이 울퉁불퉁해졌다. 뭐라도 하나 건져볼까 싶어 수확 채비를 갖춰도 구별 안 가는 채소들이 사방으로 흩어져 있어서 주변만 서성이다 끝났다. '아깝다'는 생각 하나로 몸만 고생스러워졌다. 더불어 같은 종류 채소를 한데 모아 키우지 않으면 수확도 관리도 어렵다는 사실을 깨달았다. 다음부터 솎아낸 채소를 여기저기 옮겨심는 일은 반드시 삼가야겠다.

한편 씨앗 뿌리기에 관해서도 한 가지 알게 된 게 있다. 내가 뿌린 씨앗은 봉지에 봄에 심어도 좋다고 적혀 있었는데, 막상 심어보니 잎채소는 봄철 벌레들에게 아주 인기가 많았다. 더욱이 자연농은 무농약이 원칙이라서 지지미나, 시금치, 소송채는 금세 벌레가 먹어 구멍이 숭숭했다.

'그렇네. 지지미나랑 시금치는 겨울에 심어야 좋겠구나.' 내가 시금치를 자주 먹던 계절도 생각해 보면 겨울이었다. 이걸 해보고 나서야 깨닫다니. 하는 수 없이 벌레가 먹게 내버려두었다. 작고 둥근 구멍이 밤하늘의 별처럼 수십 개, 수백 개씩 뚫렸다. 이렇게 크기도 작고 구멍투성이인 지지미나, 시금치, 소송채는 별로 먹고 싶은 생각이 들지 않는다. 우리 밭 채소는 어쩜 이렇게 다들 성장이 느리고 작을까.

시간이 한참 흐른 뒤 밭을 매던 어느 날 구멍이 송송 뚫린 소송채에 우연히 손가락이 닿았다. 그동안 구멍 난 잎채소는 거의 방치했었고 이제는 밭 경관의 일부가 되었는데, 손가락에 닿은 소송채 감촉이 상상 이상으로 부드러웠다.

'뭐지? 이 부드러움은? 보기에는 지저분해도 먹으면 부드럽고 맛있을지도 몰라.' 갑자기 마음이 일렁였다. '벌레 먹은 잎채소라… 좀 내키지 않아도 개중 괜찮은 것들로 모아서 한번 먹어볼까?' 단순한 호기심이었을지도 모른다. 구멍투성이인 잎채소 중 먹을 만한 가운데 부분만(뭐, 양은 얼마 안 되겠지만) 모아서 깨끗이 씻어 먹어봐야겠다 결심했다.

'그래, 먹어보는 거야!' 작고 구멍투성이에 지저분한, 징그러운 잎채소를 수십 장이나 땄다. 그리고 시간을 들여 꼼꼼히 씻었다. 먹을 수 있는 부분이 원래 크기에 10분의 1쯤 되었을까? 더는 거부감이 들지 않았다. 지지미나는 소테|고기나 채소를 기름, 버터 등으로 볶는 서양식 조리법|에 활용했고 소송채는 돼지고기와 볶았다. 시금치는 극히 소량이어서 소금에 데친 뒤 그대로 한입에 먹어 치웠다. 전부 평소처럼 맛있게 먹었다. 직접

소송채와 상추. 소송채 잎은 벌레가 다 갉아 먹었지만, 상추는 멀쩡하다.

토란잎이 나왔다. 맨드라미꽃과 댑싸리도 심었다.

수확해 먹었다는 만족감도 밀려왔다.

그때부터 벌레 먹은 잎채소를 예전만큼 싫어하지는 않게 되었다. 정성스럽게 씻은 가운데 부분은 깨끗하고 맛있다는 걸 아니까. 이렇게 또 하나의 선입견이 사라졌다.

쑥갓 씨앗 한 봉지에는 자잘한 씨가 가득 들어 있다. 뿌릴 자리가 마땅치 않아 밭을 한참 둘러보다가 손이 잘 닿지 않아 유일하게 비워뒀던 이랑 가운데에 한 줄로 툭툭 뿌렸다. 그런데 아뿔싸! 이랑 한가운데에 푸릇푸릇하고 작은 싹들이 나란히 빽빽하게 뻗어나왔다. 그것도 솎아내기 어려울 정도로 촘촘하게! 너무 빼곡한 나머지 싹이 겹친 부분은 이미 누렇게 색이 변하고 있다. 이를 어쩌나.

어떻게든 솎아내려고 이랑 끝에 쪼그려 앉아 팔을 쭉 뻗어본다. 자세히 들여다보지 않으면 제대로 솎아낼 수 없어서 얼굴을 가까이 가져간다. 허리는 아프고 힘도 들고. 짧디짧은 쑥갓을 그저 솎아내기는 아까워 이걸로 뭘 해 먹을지 고민했다. 영귤이나 고추냉이처럼 샤부샤부에 곁들이면 어떨까? 독특한 맛과 향이 아주 좋을 것 같다.

아주 작은 쑥갓 싹을 예정대로 곁들여 먹어봤다. 워낙 시간과 손이 많이 간 재료인지라 맛도 소중하게 음미했다. 그리고 다시는 촘촘하게 씨를 뿌리지 않기로 다짐했다. 통로에서 먼 이랑 가운데 부분은 특히 뿌리지 않겠노라 마음먹었다.

작디작은 쑥갓에서 쌉싸래한 맛이 난다.

오늘은 한가해서 잡초를 잘게 잘라 이랑에 펴놨다. 마른풀을 잘게 자르는 것이 재미있어서 싹둑싹둑 싹둑싹둑. 채소 주위에 깔아놓으면 마치 섬세한 선화|線画|せんが, 선으로만 그린 그림|처럼 보인다. 가만히 들여다보고 있으면 어질어질 빠져들 것 같다.

텃밭 사진 일기

봄편

막 제초한 푸릇푸릇 잡초. 이걸로 이랑 윗면을 덮어줬다. 앞쪽부터 시작.

빗물을 먹은 래디시가 깨져 있다.

넓적다리잎벌이 생겨서 하얀 방충망을 씌웠다. 오른쪽에 호박과 애호박 심기.

넓적다리잎벌이 갉아 먹어서 잎이 너덜너덜.

흐린 날의 밭. 이제 괜찮을 것 같아서 방충망을 벗겨냈다.

솎아낸 당근과 래디시.
땅에 떨어진 래디시는 깨지고 상처투성이.

당근잎 샐러드와
래디시 마요네즈 무침.

무를 솎아냈다. 작은 크기부터 다양하게. 매웠다. 위에는 상추와 쑥갓.

다양한 꽃을 심어 알록달록한 밭.

새나 짐승 때문에 부러진 가지.

왼쪽이 풋콩 잎, 오른쪽은 목화. 꽃도 두 그루 심었다.

덩굴 없는 강낭콩. 5센티미터 정도의 정말 작은 강낭콩을 땄다.

우엉 싹이 나왔다. 다양한 작물을 길러보고 있다.

가운데 올라온 게 당근. 오른쪽 아래로 옥수수, 왼쪽 위로 파가 보인다.

왼쪽에 올리브나무. 올리브나무는 나중에 기필코 옮겨야겠다.

믹스 샐러드 씨앗을 한 봉지 사서 밭에 뿌려봤다.
앞쪽 둥근 잎채소가 제법 잘 자란다.

2막

초여름과 여름 사이

## 내가 가꾼 채소를
## 천천히 맛본다

 많은 이들이 자연농으로 키운 채소를 날로 맛본 뒤 그 맛에 놀라 자연농을 시작했다고 말한다. 사과 같은 가지, 달콤한 래디시 등등. 나도 비슷하다. 처음에는 솎아낸 채소의 맛에 놀랐다. 그다음으로 나를 놀라게 한 맛은 풋콩이었다.

 잡초를 제거하고 있던 어느 날, 땅 가장자리에 심은 풋콩이 25센티미터 정도로 훌쩍 자라 있었다. 그런데 잡초가 무성해서 그만 실수로 풋콩도 같이 베어버렸다. '아이고, 아까워라!' 풋콩이 네 개 정도 달렸었는데… 속상해도 어쩔 수 없었다.

다음 날 다시 그 자리에 가서 베어낸 풀을 미련스럽게 보고 있었다. 어제 베어낸 풋콩이 시들어 쓰러져 있다. 네 개의 풋콩 콩깍지를 만져봤다. 아직 덜 영글었지만 껍질 안에 분명 무언가 있다. 어쩌면 먹을 수 있을지도.

그래서 풋콩 네 개를 따서 돌아와 작은 냄비에 소금을 넣고 삶았다. 콩이 익는 동안 빨래를 널러 갔는데, 그 잠시 사이에 풋콩 존재를 깡그리 잊고 말았다. 부엌에 돌아오니 물이 거의 다 증발해 콩이 곧 탈 것만 같았다. 황급히 불을 끄고 풋콩을 꺼냈다. 너무 삶았나 걱정하며 하나를 집어 껍질을 열어봤다. 연둣빛 콩이 참 예뻤다. 한 알을 그대로 집어 먹었다. 깜짝 놀랄 정도로 맛있었다. 소금의 짭조름한 맛이 제대로 스며들었다. 풋콩이 원래 이렇게 맛있었던가? 이제껏 술집 같은 데서 아무 생각 없이 까먹던 안주인데, 내 손으로 키웠다고 이렇게 맛있게 느껴지나? 직접 키운 자연농 채소로 느낀 두 번째 감동이었다.

마트 시식 코너에서 음식을 먹어볼 때마다 늘 생각했다. '이건 왜 이렇게 맛있는 거지?' 그런데 맛있어서 사 오면 왠지 모르게 코너에 서서 먹을 때만큼 맛있게 느껴지지 않았다. 의심이 많은 성격인지라 '시식용과 판매용 물건이 다를지도 몰라'라고 생각한 적도 있지만 그건 분명 아닌 것 같다.

생각 끝에 내린 결론은 두 가지다. 우리가 마트에서 물건을 살 때는 대체로 배가 고픈 상태이다. 그보다 더 큰 이유는 소량의 음식을 천천히 음미하며 먹기 때문이다. 보통 식사를 할 때 우리는 접시에 음식을 가득 담아놓고 무심한 표정으로 먹는다. 텔레비전이나 핸드폰을 보면서 먹거나 누군가와 담소를 나누며 먹으면 맛을 느끼는 의식에 소홀해진다.

바로 그 부분에서 시식과 차이가 난다. 시식할 때 사람들은 작은 숟가락 같은 데 놓인 극히 적은 양의 재료를 맛본다. 그 순간 기미상궁이 된 듯 진검승부가 펼쳐진다. 음식의

삶고 있던 풋콩을 깜박한 사이,
아주 바싹하게 구워졌다.

먹어보니 너무 맛있어서
깜짝!

맛은 아주 짧은 순간에 판단해야 한다. 그러면 우리 의식은 식재료가 닿는 혀로 집중되고 미각은 어느 때보다 민감하게 반응한다. 맛을 향한 우리의 진지함은 미각을 더없이 날 서게 하고 잠들어 있던 감각 세포는 깨어난다. 그렇게 찬찬히 음미하면 음식은 대체로 맛있게 느껴진다. 좋고 싫음을 떠나 음식 본연의 맛을 충분히 누리게 되는 것이다. 그때 느끼는 맛은 이제껏 경험하지 못한 풍부함 자체다.

적은 양의 음식을 찬찬히 맛본다. 이것이 음식을 맛있게 먹는 비결이라는 걸 알았다. 한 줌이 될까 말까 한 솎아낸 채소나 수확한 풋콩 맛에 놀랐던 것도 그래서였다. 양이 적은 음식을 조심스럽게 시식하듯이 이 채소들을 맛볼 때 나는 조심스러웠다. 그만큼 의식을 집중해 맛을 음미했다. 그렇게 하면 아주 미묘한 맛도 알아챌 수 있고 이 재료들이 입으로 오기까지 모든 과정을 알고 있기에 애착도 더해진다. 적은 양의 음식을 소중하게, 집중해서 먹는다. 이것이야말로 음식을 맛있게 먹는 최상의 비결이다.

밭에 당근과 무도 심었다. 몇 번인가 솎아냈더니 가늘고 여린 잎이 각각 스무 개 정도 남았다. 조금 자라서 이번에는 솎아낸 것들을 먹어보기로 했다.

당근은 정말 못생겼는데 먹어보니 맛도 없었다. 그래서 당근 글라세|glacées, 재료를 설탕이나 꿀 등에 조리듯 구워 광택이 나게 완성하는 프랑스식 조리법|를 만들었다. 무도 수십 개 솎아냈다. 무도 그저 그랬다. 가늘거나 부러져서 튼실해 보이지도 않고 아린 맛까지 났다. 동글동글하게 썰어 샐러드에 넣는 등 여러 가지로 궁리해서 먹었다. 잎은 후리가케|ふりかけ, 밥 위에 뿌려 먹는 조미식품으로 말린 재료들을 섞어 가루 형태로 만든다|로 만들었다.

이번에는 맛이 별로였지만 겨울에 키운 뿌리채소는 달다고 한다. 다시 도전해 봐야지. 맛을 떠나 땅속에서 당근과 무를 뽑아내던 순간만큼은 정말이지 뿌듯했다. 마늘을 수확할 때도 느꼈지만 땅을 비집고 올라온 채소는 언제나 깊이가 다른 감동을 준다.

다양한 채소가 자라는 모습을 무심코 바라보다 깨달은 게 있다. 벌레가 많이 붙어 있는 채소와 그렇지 않은 채소, 차이가 무엇일까? 지금까지는 어떤 채소에 벌레가 붙어 있으면 단순히 그 채소가 해충에 강하지 않아서라고 생각했는데 그게 아니었다. 채소가 병들면 거기에 벌레가 생기는 거였다.

가령 앙상하고 시들한 피망이 있다. 예전이라면 '벌레가 생겨서 병이 들었구나' 했을 텐데 실제로는 그 반대다. 피망이 병약해서 벌레가 꼬이기 시작한 것이다. 건강하고 싱싱해서 강한 생명력을 내뿜는 채소라면 벌레가 함부로 다가가지 못한다. 설령 벌레가 꼬여 잎사귀를 갉아 먹는다 해도 그보다 빠른 속도로 자라기 때문에 해를 입을 일이 거의 없다.

'벌레가 꼬여 병드는 게 아니라 원래 병약해서 벌레가 꼬인다'라… 마치 사람 같다. 마음이 약한 이에게 스멀스멀 나쁜 기운이 다가오는 상황과 닮았다는 생각이 든다.

## 나만의 계절 맛을
## 찾고 있다

애호박꽃 튀김은 이탈리아 요리로 종종 눈에 띄는데, 실제 먹어본 적은 없다. 먹음직스러워 보여서 늘 맛이 궁금했다. 해서 밭에 애호박꽃이 피면 꼭 튀김을 해 먹기로 마음먹었다.

  드디어 수꽃이 올라온 어느 날, 레시피를 찾아본 뒤 애호박꽃 튀김을 만들었다. 모차렐라치즈가 없어서 크림치즈를 대신 꽃 속에 넣고 남아 있던 핫케이크 가루를 물에 살살 풀었다. 튀김옷을 입혀 살짝 튀겨낸 다음 소금과 후추를 솔솔 뿌리니 맛이 일품이었다. 그날 이후로도 애호박꽃이 피면 튀김을 만들어 먹었다. 작은 프라이팬에 적은 양의 기름을 두르고 팬을 기울인다. 그리고 언제나 한 개만 튀겨낸다.

암꽃은 좀처럼 피지 않았다. 한참 뒤에 암꽃이 피어 열매가 튼실하게 맺히길 기대했는데, 금세 시들어버렸다. 알아보니 애호박은 한 그루만으로는 좀처럼 결실을 보기 어렵다고 한다. 적어도 두 그루 이상을 함께 심는 게 좋다고. 아, 아쉬워라. 난 것도 몰랐다.

그 뒤로 꽃이 필 때면 묘한 책임감을 느꼈다. '아까우니까 꼭 튀김으로 만들어 먹어야 해!' 그랬더니 어느 순간 밭에 나가 애호박을 보는 게 두려워졌다. 흘끗 노란 꽃이 보이면? '하아, 또 폈네…' 튀김 지옥이 따로 없다.

이렇게까지 말하는 건 너무 과장이려나? 하지만 그런 느낌이 아예 없다면 거짓말이다. 매일 아침 애호박을 바라본다. 드물게 애호박 암꽃이 피면 꽃 밑으로 오이처럼 작은 열매가 달린다. 그럴 때는 열매를 따서 튀김을 만들었다. 내년에는 애호박 두 그루를 심어서 결실을 보고야 말겠다.

그러고 보니 호박꽃도 달콤해서 튀겨 먹으면 맛있다는 말을 들은 적이 있다. 그래서 이 녀석으로도 튀김을 만들어 먹었다. 호박꽃은 애호박꽃보다 세 배 정도 커서 튀기면 볼륨이 상당하다. 하지만 내 입에는 애호박꽃의 깔끔한 맛이 딱

애호박. 열매는 아직이지만, 꽃은 피었다.

꽃이 피면 튀김으로 먹는다는 나만의 법칙!

알맞다. 아이들이 집에 왔을 때 만들어주니 둘 다 맛있다고 한다. 간단한 애호박꽃 튀김. 나만의 계절 맛으로 정했다.

▦

초보자도 쉽게 키울 수 있다는 래디시이건만 우리 밭은 그조차 작고 울퉁불퉁하다. 땅속에서 갈라진 래디시를 발견한 날 처음으로 수확을 해봤다. 속이 새하얗다. 깨끗하게 씻어서 먹어봤다. 모양은 볼품없고 맛도 떨어지지만, 다양한 레시피를 떠올려 되도록 다 먹었다. 때때로 정말 맛있는 요리가 완성되기도 하는데, 그럴 때면 내심 뿌듯했다.

내 손으로 키운 채소는 아무리 못생겨도 사랑스럽다. '이런 비슷한 감각, 언제 느꼈더라?' 곰곰이 떠올리다 결론이 났다. 그것은 "우리 애 너무 귀엽지?"라고 말할 때와 비슷한 감정이다. 비단 자식이 아니라도 우리 집 개나 고양이는 뭘 해도 예뻐 보인다. 타인의 부모와 내 부모가 다른 것처럼 내 손으로 키운 채소는 사 온 채소와 전혀 다르다. 그 정도로 차이가 난다. 누군가에게 채소를 받을 때도 사 온 채소와는 느낌이 다르지 않던가.

지금까지 나는 유기농 채소나 무농약 채소를 의식적으로 챙겨 먹으려 노력해 왔다. 유기농 채소를 택배로 받아먹던 시기도 있었고 채소 본연의 맛을 내는 자연주의 콘셉트 레스토랑에도 종종 갔다. 그런데도 사람들이 유기농 채소가 맛있다고 하면 솔직히 차이를 잘 몰랐다. 채소가 달거나 맛있다고 느끼긴 했어도 그 이유가 단지 '유기농이라서'라고는 생각하지 않았다. 신선도나 운송 조건, 조리하는 사람의 영향도 있을 거라고 여겼다. 물론 모든 과정을 실제로 본 게 아니라서 진실은 알 수 없다. 결국에는 유기농 채소나 무농약 채소를 막연히 '맛있을 거야. 맛있는 것 같아'라고 생각하며 사 먹었다. 맛보다 안전하다는 마음이 더 컸다.

그랬던 내가 지금은 채소를 크게 두 가지로 나눈다. 우리 밭에서 난 채소와 그 밖의 채소. 나는 우리 밭에서 난 채소만을 신뢰한다. 채소가 어떻게 자라는지 의심을 품지 않고 볼 수 있기 때문이다.

그렇다. 내 아이와 타인의 아이가 다르듯이 내가 기른 채소와 다른 사람이 기른 채소는 전혀 다르다. 채소 맛은 셀 수 없이 다양한 요인으로 결정된다. 같은 장소에서 같은 종의 채소를 키운다 해도 이 세상에 완전히 똑같은 맛을 내는 채소는 없다. 마치 와인처럼. 그해 기온이나 기후, 기르는 이의 손길 등으로 결실은 달라진다. 이것이 내가 직접 채소를 키우고 먹으면서 알게 된 부분이다.

원래 나는 토마토, 피망, 가지 잎을 구별하지 못했다(물론 지금은 구별할 수 있다. 토마토 잎은 들쭉날쭉하고 피망은 쭉 뻗은 다이아몬드 모양이다. 가지는 달걀형에 잎맥이 보라색이다). 그래서 막 자연농을 시작했을 때는 배운다는 마음가짐으로 다양한 채소를 기르며 그 채소의 씨앗과 잎, 재배 방법을 모조리 알고 싶었다.

채소 씨앗을 여러 종류 사다가 이랑을 사각 팔레트처럼 나누고 그 안에 씨를 뿌린다. 씨앗 한 종류가 차지하는 면적은 그리 크지 않다. 가로, 세로 30센티미터 정도. 씨를 뿌렸어도 싹이 금방 자라는 건 아니라서 성격 급한 나는 그럴 때 홈센터를 찾았다. 모종을 사 와서 팔레트 남은 자리에 슬쩍슬쩍 섞어 심는 거다. 방울토마토, 가지, 피망, 호박, 수박, 옥수수, 고추 거기에 꽃모종까지 심으니 점점 더 아기자기한 꽃밭처럼 되어 기뻤다.

그러던 어느 날 아침이었다. 밭을 둘러보러 갔더니 어제 막 심은 가지 모종이 뿌리째 쑥 뽑혀 쓰러져 있었다. '흐음. 무슨 일이지?' 이상하게 생각하며 가지를 다시 심었다. 다음 날 아침, 이번에는 가지가 절반 정도 잘린 채였다. 그 뒤에는 다른 가지 모종이 그랬고 올리브나무 나뭇가지도 부러져 있

부엌 창문으로 무언가 보였다.
고양이는 아닌 듯!

허둥지둥 밖으로 나가 사진을 찍었다.

오소리다!
태어나서 처음 보는 오소리.

었다. 흰코사향고양이나 꿩 등 동물이 입힌 피해에 대해 들어본 적이 있어서 짐승이나 새 짓일 수도 있겠다고 생각했다.

그리고 또 며칠이 지나 부엌에서 설거지할 때 일이다. 창밖에 무언가가 있었다. 어떤 동물이 블루베리나무 밑을 코로 파고 있었다. 황급히 카메라를 들고 나갔다. 그 녀석이 담장 주변을 어슬렁거리고 있을 때 사진을 찍었다. 나중에 확대해서 보니 오소리였다. 오소리… 생각보다 귀엽게 생겼다. 하지만 그런 말은 입 밖으로 꺼낼 수 없다. 또 올지도 모르니까.

밭을 엉망으로 만든 녀석이 이 오소리일까? 마당을 둘러보니 담장 아래로 커다란 구멍이 나 있었다. 밭에는 빨갛게 익은 둥근 고추 세 개가 누군가 갉아 먹은 듯 갈기갈기 찢겨 있고. 이것도 오소리 짓? 태어나서 처음 본 야생 오소리에 한껏 들떴다.

작은 그릇
안의 우주




채소를 키우면서 달라진 점, 적은 양이라도 수확하면 그걸 소중히 먹는다. 장 보러 가면 우리 지역에서 재배하는 채소를 한 봉지당 100엔 가격에 파는 피망(여덟 개), 오이(여섯 개), 양배추(큰 것 한 통) 등을 사 온다. 혼자 먹기에는 양이 많아서 채소들은 며칠씩 냉장고 채소 칸에 머문다. 결국 신선할 때 전부 다 먹지 못해 시들어버리기도 한다. 시든 채소는 맛도 생각할 겨를 없이 먹어 치우기 바쁘다.

　우리 밭에서 나는 작은 피망과 한 봉지에 100엔 정도인 피망, 아껴먹는 우리 집 피망과 시들어버린 피망. 모두 같은 피망이지만 그 두 채소 사이에서 점점 갈등하는 나를 발견했다. 직접 키운 채소와 사 온 채소는 어떻게 공존해야 할까? 마트에 가면 저렴한 가격에 풍족한 양의 채소를 간편히 살 수 있다. 그 채소는 소중히 먹지 않게 된다. 채소를 맛볼 때 마음가짐도 다르다. 왠지 모를 답답함이 한동안 이어졌다.

그러다가 밭에서 자란 소량의 래디시로 저녁밥을 짓던 날 문득 생각했다. 이렇게 그날 밭에서 캔 재료를 보고 저녁밥 메뉴를 정하는 삶과 재료를 사 오면 뭐라도 만들 수 있었던 얼마 전까지의 삶은 전혀 다르다고. 이전에는 내가 아는 메뉴 중 당장 먹고 싶은 것을 떠올린 뒤 냉장고 속 재료나 마트에 파는 것들을 골라 뭐든 만들 수 있었다. 요즘은 '밭에서 래디시를 수확했으니 샐러드를 만들자' '피망이 열렸으니 튀겨 먹자' 생각한다. 메뉴를 정하는 순서가 완전 바뀌었다.

뭐든 먹을 수 있는 삶은 그리 즐겁지 않다. 어느 정도 제한 있는 삶이 오히려 만족도가 높은 법이다. 게임이나 스포츠도 모두 '규칙'이라는 제한된 상황 안에서 겨루니까 재미있는 것 아니겠나. 그저 마음대로 공을 차거나 던져버린다면 금세 지루해질 게 뻔하다. 축구나 야구, 장기나 카드 게임도 모두 규칙이라는 틀 안에서 이루어진다.

채소와 나는 같은 밭에서 함께 자라난다. 원하는 씨앗을 심고 매일 그 성장을 지켜보며 열심히 가꾸는 동안 나 또한 같은 공기를 맡고 같은 태양을 쬔다. 시간이 흘러 씨앗이 열매 맺고 무르익으면 제철이 오고 나는 수확한다. 그 채소를 먹는다는 건 필연적인 일이다. 누군가가 기른 채소 안에는 그에게 필요한 영양분이 들어 있다고 한다. 이 말이 사실인지 알 방법은 없지만 만약 그렇다면 채소 키우는 일에 더 흥미가 간다. 더 잘 키우고 싶은 욕심이 생긴다.

되도록 채소는 우리 밭에서 키운 것 위주로만 먹자고 결심한 순간 살짝 긴장감이 돌았다. 그 다짐은 내 식생활이나 생활 방식에 큰 영향을 줄 것이다. 가령 배추를 수확할 수 없는 여름에는 전골을 먹을 수 없다. 겨울에 오이나 토마토 샐러드는 먹을 수 없다. 하지만 그렇게 사는 삶이 의외로 좋을지도 모른다! 물론 막상 그렇게 살고자 생각하면 겁도 좀 난다. 이 마음은 엄숙한 기분으로 결혼을 결심할 때 느낀 두려움과도 비슷하다. 이 한 사람과 결혼하면 더는 다른 선택 없이 평생 부부로 살아야 하는 것처럼 말이다.

며칠이 흘러 2021년 7월 9일. 오늘 수확한 채소를 작은 스테인리스 그릇에 담아 왔다. 애호박꽃 두 송이, 피망, 방울토마토, 상추, 바질, 블루베리 몇 알이다. 집에 들어가는 길에 얼핏 그릇을 들여다봤다. 각양각색 채소들이 어찌나 조화로워 보이는지. 그릇 안에 작은 우주가 있다.

　이걸로 충분하지 않나? 디저트까지 있다. 그날 수확한 재료는 그날 식재료로 사용하고, 적은 양일지라도 정성을 다해 조리한다. 달걀로 오믈렛을 만들고 애호박꽃은 튀김으로 정했다. 피망은 그대로 튀기고 토마토와 상추는 샐러드로 만들고 블루베리는 디저트로 먹었다.

　'앞으로도 되도록 밭에서 난 채소로만 식사를 준비해야지.' 그리 결정하니 설레는 마음과 함께 의욕이 샘솟는다. 이 규칙은 생활과 맞닿아 있다. 아니, 어쩌면 생활 그 자체이다. 오랫동안 즐길 수도 있으니 삶의 보람이자 일생의 업, 나를 지탱해 주는 무언가가 될 수 있을지도. 인생의 즐거움이란 이런 걸 두고 하는 말이 아닐까.

　생활의 묘미가 생겼다. 우선 혼자일 때만 지켜서 해봐야지. 가족이 찾아오면 굳이 규칙을 따르지 않아도 괜찮다. 외식도 예외로 했다. 외식은 자유롭게 먹고 싶은 걸 정해 맛보면 그만이다. 그것은 여행이나 유희 같은 거니까.

이것저것 조금씩 따다 보면 1인 식사에 알맞은 충분한 재료가 모인다.

7월 9일 수확. 오늘 수확한 재료를 본 순간 할 수 있겠다는 느낌이 들었다.

오늘 수확한 채소로 만든 저녁. 풍족한 식사와 튀김, 블루베리.

최대한 우리 밭에서 난 채소로 식사하는 날들이 시작되었다. 고기나 생선, 그 밖에 우리 밭에서 수확할 수 없는 재료는 사도 괜찮다. 그래서 익히지 않고 먹는 옥수수를 재배한다는 이코마고원生駒高原에 갔을 때 유기농 가게에 들러 이것저것을 사 왔다.

귀한 대접을 받는 채소는 정성껏 요리해서 먹었을 때 유난히 더 맛있게 느껴진다. 대체로 나는 간단하게 삶거나 구워 바로 먹을 수 있는 음식을 좋아한다. 그것들을 야금야금 맛보는 과정이 즐겁다. 재료 자체에 깃든 가치를 알게 되면 간단히 해 먹어도 맛있는 법이다.

요즘은 오늘 뭐 먹을지 고민할 필요가 없어서 무척 편하다. 선택하지 않아도 된다는 건 정말 편리한 일이었다. 그러던 7월 말 어느 날, 즐겨보던 영상의 자연농 선생님이 "여름 채소 재배량이 많아서 희망하시는 분께 판매하려고 합니다"라고 말했다. 영상은 늘 아침 6시 정도에 업로드되는데, 아침에 일어나면 그걸 보는 게 어느새 습관이 되었다.

침대 속에서 그 소식을 들은 순간 너무 기뻤다. '와, 그렇구나!' 벌떡 일어나 컴퓨터 앞으로 달려갔다. 선생님이 기른 채소를, 늘 영상으로 자라는 과정을 봐왔던 그 채소들을 실제로 먹을 기회가 생겼다. 이런 기회는 두 번 다시 없을지도 모른다. '벌써 다 팔렸으면 어쩌지?' 얼른 메일로 구매를 신청했다.

다행히 주문은 들어갔고 며칠 후 채소 꾸러미를 받았다. 상자에는 채소 열 종류가 들어 있었다. 전부 싱싱한 게 먹음직스러웠다. 먹어보고 싶었던 센슈 지역 미즈나스|水なす, 표피가 부드럽고 수분이 많은 달걀 모양 가지|도 있었다. 도전정신이 일어서 우리 밭에도 씨를 뿌렸지만 하나도 싹이 나지 않았던 그 미즈나스다! '노각'이라고도 불리는 오키나와 모우이|モーウイ, 오키나와 전통 채소로 오이 품종|도 처음이다. 전부 정성껏 요리해 먹었다.

선생님이 기른 채소는 나에게는 귀한 보물이다. 센슈 지역 미즈나스는 조리하지 않고 그대로 먹어도 맛있을 것 같지만, 나는 올리브오일과 소금, 후추를 뿌려서 먹었다. 언젠가 나도 이렇게 폭신한 가지를 키워내고 싶다. 오소리가 부러뜨렸을 우리 밭 가지는 여전히 작지만.

씨앗 심을 만한 자리,
더 없을까?




봄까지는 길가 휴게소에 가면 먼저 채소 가게에 들러 채소를 사고 모종 가게에서 다양한 모종을 구경하곤 했다. 그러다가 얼마 전 본격적으로 밭을 일구기 시작한 뒤로는 채소 가게에 가는 일이 없어졌다. 그저 모종 가게에 들러 마음에 드는 모종을 사 오면 그만이었다. 모종은 막 사 왔을 때는 괜찮지만 밭에 옮겨심으면 벌레가 생기고 머지않아 약해진다. 그 사실을 깨닫고는 모종을 사는 일도 그만두게 되었다.

    지금은 길가 휴게소에 가도 채소 가게는 그냥 지나친다. 전에는 그리도 열심히 구경했으면서 말이다. 더불어 모종 가게에도 흥미가 사라졌다. 이런 변화에 나조차도 놀란다. 살 필요를 못 느낄뿐더러 관심 자체가 없어졌다고나 할까. 물론 가끔 꼭 필요하고 양도 괜찮아 보이는 채소가 있으면 사긴 하지만.

대신 홈센터 씨앗 가게를 즐겨 찾게 되었다. 보고 온 씨앗은 언제나 살지 말지 몇 날 며칠을 고민한다. 심을 자리가 별로 없어서 씨앗이 남으면 아깝다는 생각도 들지만 어차피 지금은 시험 삼아 해보는 거니 괜찮지 않을까? 단 몇 알이라도 심어서 싹이 트고 자라는 과정을 보고 싶다. 그 강한 욕구에 져서 결국 씨앗을 사고 만다.

앞서 말했듯이 사 온 모종은 흙에 영양이 풍부해서인지 우리 밭에 옮겨심으면 대개는 금세 시들시들해진다. 물론 개중에는 뿌리를 잘 내리는 것도 있지만 그마저도 벌레가 잘 꼬인다. 가짓과 채소에 노린재가 잔뜩 붙었을 때는 깜짝 놀라 허겁지겁 대책을 알아봤다. 뭐, 별다른 효과는 보지 못했고 그냥 내버려뒀더니 벌레가 싹 먹어 치운 뒤 다시 살아나기 시작해 여름에는 쑥쑥 자랐다. '그냥 둬도 괜찮구나!'

직접 씨를 뿌린 가지나 방울토마토는 초반 두 달 정도는 전혀 자라지 않다가 약 2센티미터 정도 크기에서 자라기를 멈춰버렸다. 그러고도 오랫동안 성장하지 않아서 이제 죽은 줄 알았는데, 가까스로 살아나더니 8월이 되면서 무럭무럭 크기 시작했다. 다시 성장이 시작되니 꽤 오래 살아서 이제는 사 온 모종보다 더 튼튼해 보인다. 결론은 이제 모종은 사지 않고 씨앗 상태로 키우기로 마음먹었다. 그편이 우리 밭 채소라는 생각이 든다.

전에는 모종 가게에서 멋지게 자란 커다란 모종을 볼 때마다 너무나 부러웠다. 하지만 이제는 그렇지 않다. 그래봤자 남의 집 자식 아닌가. 아무리 작아도 나는 우리 밭에서 난 내 자식이 제일 좋다.

그렇다! 우리 밭 채소는 성장이 더디다. 게다가 작다. 아직 땅이 제 기능을 하지 않아 양분이 적어서 그런 걸지도 모른다. 그런데 나는 크고 단단한 채소보다 작고 부드러운 채소를 더 좋아한다. 잘된 일이다. 상추도 크기는 작지만 3~5센티미터 정도 되는 잎이 스무 장이나 달렸다. 이 정도면 충분하다. 적은 재료로 정성스레 요리하면 만드는 일도 먹는 일도 수고롭지 않아서 좋다. 혼자만 아는 평온함이다.

씨를 뿌리는 시기가 늦어져서인지 멜로키아 |이집트 및 동지중해에서 주로 재배하는 아욱목 채소로 시금치와 맛이 비슷하다| 나 비름도 크기가

작았다. 잎은 3~5센티미터 크기에 매우 보드랍고 폭신하다. 무심히 툭툭 딴 잎은 삶아서 송송 썰어 낫토와 버무려 먹는다. 이토록 작은 잎에 만족하는 이유, '생명이 응축되어 있으니까!'라며 마음속으로 중얼거린다.

---

4×13미터 면적 땅 한가운데에 1.2×10미터 크기로 이랑을 세웠다. 그런데 점점 사용할 공간이 사라지고 있다. '어디 씨앗 심을 만한 곳 없을까요?'

우리 밭 중에서 진실로 가까이 다가가고 싶지 않은 구간이 있다. 바로 서쪽 콘크리트 담장과 동쪽 시멘트 블록 담장이 맞닿은 구석. 뻣뻣한 풀이 한가득 있는 곳이다. 이 땅은 어둡고 축축한 기운이 강해 금방이라도 뭔가가 툭 튀어나올 것 같다. 꺼림칙해서 되도록 그쪽으로는 가지 않는다.

그런데 토란을 심을 곳이 없어서 하는 수 없이 서쪽 자리에 두 개를 심었다. 거기만 풀을 베고 빠르게 심은 뒤 도망치듯 멀어졌다. 토란이라면 풀이 많은 자리를 좋아할지도 모른다. 그런 다음 벽 쪽에는 수국을 심었다. 땅콩 심을 공간도 여의찮았다. 이제 정말 심을 공간이 없구나. 어쩔 수 없다. 동쪽에 꺼림칙한 구석 자리 풀을 벤 뒤 거기 심어야지.

풀을 베자 검고 큰 벌레가 우글우글 움직이기 시작했다. 으악! 검색해 보니 '밭의 장의사' 혹은 '숲의 청소부' 등으로 불리는 송장벌레 유충이었다. 송장벌레는 동물의 사체를 먹거나 그것들을 땅속에 파묻는 습성을 가지고 있다고 한다. 그래서 한자로 '사출충死出虫|'사체가 있는 곳에서 나오는 벌레'에서 유래한 이름|'이라 쓰기도 한다. 되도록 그 근처는 보지 말아야지. 무섭다.

땅콩은 네 군데에 심었는데 그중 두 곳에서 싹이 올라왔다. 발아하지 않은 두 곳 중 한 군데를 뒤덮은 풀을 젖히고 조심스레 살펴보니 역시나 송장벌레가 우글우글했다. 놀란 나머지 풀을 다시 덮었지만, 씨에서 푸른 싹이 올라오고 있는 건 분명했다.

그 뒤로도 가끔 주변을 살폈다. 나머지 두 군데에서는 끝까지 싹이 나지 않았다. 아무래도 그대로 시들어버린 것 같다. 강낭콩을 심을 자리도 마땅치 않았다. 그래서 마당에 덩굴성 꽃을 심을 때 사용했던 격자 울타리를 옮겨와 벽 쪽에 세웠다.

송장벌레가 많이 생식한 만큼 땅이 비옥해졌는지 땅콩

과 강낭콩은 쑥쑥 자랐다. 강낭콩은 여름부터 가을까지 매일 우리 집 식탁을 책임졌다. 생명은 돌고 돌아 결국 내 삶으로 찾아온다.

서쪽에서 동쪽으로 보이는 막다른 구석은
가까이 가고 싶지 않은 구간이다. 앞쪽은 무.

도로에서 밭으로 갈 때는
이 비탈길로 내려간다.

가까이 가고 싶지 않은 구간에는
땅콩을 심었다.

도로에서 바라본 우리 밭.
개망초가 피었다.

시멘트 블록 담장을 따라 강낭콩 씨앗을 뿌렸다.
해바라기도 보인다.

지렁이와 배추벌레는 정말이지 질색이다. 처음 이랑을 세울 때 큼지막한 지렁이를 잔뜩 봤다. 무심결에라도 지렁이를 자르는 일만큼은 피하고 싶어서 다년초 뿌리를 여태 잘라내지 못했다. 후회도 됐지만 어쩔 수 없다. 그 후 지렁이가 다른 곳으로 터전을 옮겼는지 좀처럼 나타나지 않았다.

배추벌레는 여전히 잎에 잔뜩 붙어 있다. 처음에는 적응이 안 되어서 되도록 녀석을 쳐다보지 않으려 했다. 작은 배추벌레부터 큰 배추벌레까지 종류가 여럿 있었고, 색도 초록빛부터 잿빛까지 다양했다.

시간이 조금 지나고 익숙해지니 배추벌레는 잎을 갉아먹을 뿐 우리에게 어떤 해도 끼치지 않는다는 사실을 알게 되었다. 쏘지도 않는다. 무심코 손이 닿으면 배추벌레 스스로 몸을 둥글게 말아 땅으로 툭 떨어진다. 나무 표면을 기어다니는 잔털이 숭숭 난 송충이는 노랑쐐기나방처럼 이따금 살을 쏴 따갑기도 하지만 채소에 붙은 털이 없는 배추벌레는 그럴 일이 없다. 그러니 이제는 무섭지 않다.

요즘은 배추벌레가 눈에 띄면 그대로 두거나 잎째 따서

7월, 초록빛이 한결 짙어졌다. 벌레들 움직임도 더 활발해졌다.

잡초가 있는 곳에 갖다 놓는다. 잡초 주변에 두고 왔는데도 어느새 돌아보면 채소 잎에 배추벌레가 모여 무리를 이룬다. 그러면 나는 결국 녀석들을 그냥 내버려둔다. 지금보다 더 익숙해지면 배추벌레가 조금은 좋아질지도 모른다.

5월에는 수박과 호박 모종을 사서 심었다. 벌레가 갉아 먹어서인지 초반에는 별로 자라지 않았는데 여름이 되자 쑥쑥 컸다. 이윽고 작고 둥근 열매가 맺혔다. 호박 두 개, 수박 두 개. 설레는 마음에 수박 밑이 노랗게 되지 않도록 스티로폼 용기 방석까지 만들어줬다.

    올여름은 한동안 비가 전혀 내리지 않았는데 가문 시기가 지나고 나니 나중에는 비가 너무 많이 내렸다. 어느 날 밭에 가보니 수박이 깨져 있었다. 미쓰비시 로고 | 일본 기업 로고로 빨간 다이아몬드 세 개가 맞닿은 형태 | 모양으로 세차게도 터졌다.

    속상하다. 남은 수박 하나도 며칠 뒤 깨졌다. 수박을 재배할 때 종종 있는 일이란다. 쨍쨍한 날이 이어지다 갑자기 비가 많이 오면 그렇다고. 호박은 두 개 모두 땅과 맞닿은 부분이 물러서 썩어버렸다. 조금 어린 호박이었는데, 썩은 부분을 도려낸 뒤 먹었다.

온천에서 만난 분이 "수박 재배는 어려워요"라고 줄곧 말했었다. 내년에 다시 도전해 봐야지.

호박 열매.

수박 열매.

호우로 갈라진 수박.

| 텃밭 사진 일기 |

*초여름-여름 편*

동쪽에서 서쪽으로 보이는 벽 구석에 레몬나무를 심었다.

위에서 내려다보면 다양한 채소가 들쭉날쭉 올라와 있어 아직은 혼돈 상태다.

밭 앞쪽에 핀 꽃과 레몬잎 주변이 예뻐서 좋아하는 사진.

옥수수수염이 마치 머리카락처럼 바람에 나부낀다. 언니!

토마토와 가지 모종을 심었다.

폭우! 1년에 한 번 정도 폭우가 내릴 때 밭에 물이 차오른다.

7월 하순. 이랑 양옆으로 잡초가 무성하다.

아들이 왔다. 밭에서 난 채소로 준비한 저녁.

땅콩, 강낭콩, 가지가 자란다.

오른쪽 토란도 작은 싹이 올라왔다. 레몬은 힘이 없어 보인다.

8월이다. 오른쪽은 고구마, 왼쪽은 호박이 힘차게 뻗어나가고 있다.

어느 날 수확한 채소.
먹을 수 있는 재료들
을 따로 모아 그릇에
담았다.

꼼꼼히 씻어서 종류
별로 나눴다.

삶기도 하고 볶기도
하고, 어떤 건 생으
로. 이것저것 맛을 음
미하며 먹는다.

흙둑 위로 잡초가 무성하다. 앞쪽은 고추인데, 맛이 잘 들었다.

봄에 씨를 뿌린 양배추는 벌레가 잔뜩 갉아 먹어서 아직도 작다. 더는 자라지 않고 있다.

8월 19일, 밭에 생명력이 넘쳐 흐른다. 푸릇한 여름은 점점 가을로 접어들겠지.

고추, 색깔 참 곱다.

맛있었던 서양고추 비퀴노. 그리 맵지 않았다.

3막

계절의 갈림길에서

## 땅은 언제나
## 필요한 만큼 내준다

봄에 뿌린 씨앗들(파종)은 거의 실패로 끝났다. 다년초 뿌리를 제대로 제거하지 않아서 채소 싹 사이사이로 다년초 뿌리가 무수히 올라온 탓이다. 연필심처럼 삐죽삐죽, 뽑고 뽑아도 다시 올라오더니 점점 튼실한 잎으로 자랐다. 그래서 9월 파종은 씨 뿌리기 전에 제대로 뿌리를 제거해야겠다고 마음먹었다.

9월에 뿌릴 채소 씨앗은 종류도 많았다. 잎채소, 뿌리채소 등등. 밭에서 되도록 많은 경험을 해보고 싶은 나는 소량이라도 다양한 품종의 씨앗을 뿌리고 싶다. 해서 씨를 잔뜩 샀고 이번에는 다년초도 최대한 제거했다. 무, 당근, 양파, 상추, 래디시, 비트, 소송채 등 다양한 씨앗을 샀다.

먼저 여름 채소를 정리해야 한다. 수확이 끝난 모종을 베어내 그 자리에 씨를 뿌리고 뽑아낸 것들은 밭 구석에 갖다 버렸다. 채소를 경작할 자리가 또다시 사라졌으니 살아 있는 꽃들은 모두 이랑에서 파내 길옆으로 옮겨심었다. 그리고 스무 종쯤 되는 씨앗을 뿌렸다. 싹이 튼 것도 그렇지 않은 것들도 있다. 비트류는 거의 싹이 나지 않았다.

봄에 파종한 무와 당근은 아직도 제대로 자라지 않아서 모양새가 참 별로다. 시금치, 소송채, 지지미나는 벌레가 갉아먹어서 구멍투성이에 쑥갓은 너무 다닥다닥 심어 빽빽하게 자랐다. 가을은 다를 거라 기대해 본다. 뿌리채소는 겨울 추위로 더 달아지고 잎채소는 벌레 피해가 적다고들 한다. 팔레트에 새로 물감을 채우는 느낌이다. 지면에서 다양한 채소의 새순들이 삐죽삐죽 올라온다.

지난 5월, 연휴가 끝나고 베니하루카 | 紅はるか, 일본 고구마 품종 중 하

나로 호박처럼 달고 밤처럼 폭신한 식감 | 고구마 모종을 스무 개 정도 심었다. 원래는 열 개 정도만 심으려 했기에 너무 많은 감이 있었지만, 당시 가게에서 파는 모종 종류가 고구마뿐이어서 어쩔 수 없었다.

9월 하순에 시험 삼아 땅을 파보니 크기가 꽤 컸고 고구마도 듬뿍 달렸다. 그래서 전부 수확하기로 했다. 하지만 고구마 껍질에 검은 상처가 나서 모양은 그저 그랬다. 매끈하게 예쁜 것이 하나도 없을 정도. 차고에 나열해 보니 모양이 어쩐지… 하나같이 오뚝이나 서양 배처럼 둥글고 통통하다.

베니하루카 모양이 원래 이런가? 궁금해서 검색해 보니 일반적으로 길쭉하고 늘씬한 고구마 모양이었다. 흐음… 흙이 단단해서 앞쪽으로 쭉 뻗지 못하고 둥글납작해진 걸까?

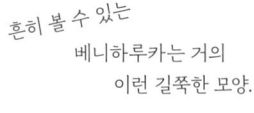

흔히 볼 수 있는 베니하루카는 거의 이런 길쭉한 모양.

우리 밭 베니하루카는 오뚝이 모양.

서양 배 모양을 한 우리 집 베니하루카. 반건조해서 먹어보려 한다. 벌써부터 맛이 기대된다.

밭에서 난 채소만으로 생활하면 식사 준비에 어려움이 있을 것 같았지만, 생각보다 순조롭다. 뭐랄까, 불편함이 하나도 없다고 해야 할까. 매일 강낭콩을 딸 수 있고 때때로 오크라도 수확한다. 분명 피망이지만 고추처럼 변한 피망도 딴다.

    질릴 줄 알았는데 질리지도 않는다. 매일 같은 것만 먹고 있다는 생각이 들지 않는 게 신기할 정도다. 특히나 삶은 강낭콩은 매번 먹어도 맛있다. 장 보러 가는 게 귀찮아서 밭에서 채소를 조금만 따 온 날에도 그게 적다고 느껴지지 않는다. 오히려 '이만큼이나 있다니!'라며 감탄한다. 이 채소들을 맛있게 먹으려면 어떻게 요리할까, 무엇을 만들까 생각하는 일이 그저 즐겁다. 귀찮은 날은 귀찮은 대로 대충 삶아서 재료 본연의 맛을 즐긴다.

    지금껏 마트에서 강낭콩이나 오크라를 사다 먹을 때는 이 재료들이 특별히 맛있는 줄 몰랐다. 좋아하지도 않았다.

마트 오크라는 초록색 그물주머니에 크기가 같은 녀석들끼리 담겨 판매된다. 그런데 오크라 끝 오각형 꼭지 부분이 항상 검었다. 강낭콩도 크기가 엇비슷한, 가늘고 쭉 뻗은 것들이 한 봉지에 담겨 있는데, 대체로 시들했다. 마트 채소가 대개 그렇듯이. 길가 휴게소에서 파는 채소는 싱싱하고 크기도 다양하다. 하지만 양이 많아서 혼자서는 다 먹을 수 없다. 그게 흔한 일이다. 우리 밭은 오늘 내가 먹어야 할 양만큼만 채소를 내준다. 언젠가부터 그렇게 생각하게 되었다.

흙 속에 묻힌 돌에 삽날이 부딪쳐서 쨍 소리가 난다. 아주 큰 돌에 부딪힌 느낌이 든다. 엄청나게 큰 돌이 있을 걸로 각오하고 땅을 파보면 꼭 그렇지도 않다. 어머나, 겨우? 나무뿌리도 마찬가지다. '이거야말로 정말 거대한 녀석이다!' 생각하고 파보면 생각만큼은 아니다. 이것보다 두 배, 세 배 더 클 줄 알았는데.

무엇이든 전체가 보이지 않으면 거대하게 느껴진다. 두려움도 마찬가지다. 어쩌면 그리움이나 행복도.

씨앗에서 싹이 튼 토마토는 8월이 되고부터 쑥쑥 자랐다.

오크라도 쑥쑥 크고 있다.

갓 따낸 신선함.

오크라가 이렇게 크게 자라는 식물인지 몰랐다. 마치 나무 같네.

애호박꽃이 피었다.

상추, 오크라, 강낭콩, 토마토.
깨끗이 씻어 늘어놓는다.

채소들을 고기와 함께 볶아 소테 완성!
재료마다 고유의 맛이 분명히 느껴진다.

## '필요'가 이끄는
## 기쁜 노동

우리 밭은 풀밭 비탈길을 타고 내려가야 한다. 밭이 도로보다 야트막해서 매번 풀밭 비탈길을 굴러가듯 내려간다. 비가 오는 날은 더 조심조심. 어느샌가 풀 위에 계단처럼 자국이 났는데 크기도 높이도 제각각이라서 오히려 걷기 어려웠다. 머지않아 풀 계단은 완만해질 것이다. 그럼 더 미끄러워질 테고 그 위로 풀은 계속 자랄 테지.

그래서 비탈길에 계단을 만들기로 했다. 때마침 집에 아들도 와 있겠다 도움을 받으면 될 일이다. 나도 만들 수 있을 정도로 손쉬운 방식을 먼저 조사했다. 사진 여러 장을 넘겨

보다가 제작이 굉장히 간단해 보이는 계단을 발견했다. 말뚝 두 개를 계단 폭에 맞춰 박고 널판을 말뚝에 기대 세운 뒤 그 안에 흙을 채워주는 방식이었다. 풀이 자라도 괜찮고 철거도 간편하다.

먼저 홈센터에서 말뚝과 널판을 산다. 긴 널판은 세 개

계단 만들기. 널판에 목재 방부제를 바르고,

아들의 도움으로…

완성! 정말 편하구나!

이제껏 비탈길 굴러가듯 내려가던 곳이 이렇게.

로 자른다. 홈센터 아저씨의 조언대로 집에 있는 목재 방부제를 널판에 발라 말린다. 삽으로 경사면을 파고 말뚝을 박은 뒤 널판을 꽂은 다음 흙을 채운다. 시행착오를 겪으면서 만들었지만 완성하고 보니 꽤 근사했다.

애초에 계단을 만들 생각 따위는 해본 적도 없다. 주변에서 누군가 "계단을 만들어야지!"라고 했다면 꽤 곤란했을 것이다. 그런데 몸이 불편해지니 '한번 만들어볼까?' 싶은 생각이 절로 들었다. 그 길로 방법을 알아보고 만드는 과정을 상상하며 순조롭게 완성! 의외로 재밌는 과정이었다.

물건은 필요로 하면 자연스럽게 생겨난다. 이렇게 자연스레 탄생한 물건은 인간에게 그 어떤 부담도 주지 않는다. 만드는 과정에서 무리할 필요도 없고 고생스럽게 느껴지지도 않는다. 그저 기쁜 노동일 뿐. 필요해서 순리대로 이어지는 일은 뭐든 힘들지 않다.

⁂

봄에 심은 무와 당근은 모양도 별로고 크기도 하나같이 작았다. 무는 '사철무│사계절 어느 때든 재배할 수 있는 무│'였는데 매운맛이 강한 품종이라는 사실을 나중에야 알았다. '가을에 파종할 무는 맵지 않은 것으로 해야지.' 그렇게 여러 품종을 알아보다가 튼실한 무를 키우는 비결을 알게 되었다. 땅에 둥근 말뚝을 수십 센티미터 깊이로 파묻고 그것을 뽑아 다시 흙에 넣은 다음 씨를 뿌리는 방식이다. 그러고 보니 말뚝을 파묻은 부분은 그만큼 흙이 부드러우니 무가 깨지거나 구부러지지 않고 자랄 것 같다. 이렇게 흥미로울 수가!

창고를 뒤져보니 마당에 나무를 심을 때 버팀목으로 사용했던 둥근 나무 말뚝이 있었다. 그것으로 지면 일곱 군데에 구멍을 냈다. 땅에 말뚝을 박는 일은 생각보다 힘들었다. 커다란 나무망치 같아서 두드려 넣으려고도 해봤는데 그리 깊게 박히지 않았다. 그래도 무가 어떻게 자랄지 기대된다.

▦

토란을 심을 때 씨토란을 어디서 파는지 알 길이 없어서 길가 휴게소에서 흔히 파는 '아카메|アカメ, 토란의 큰 덩이줄기|'라 적힌 품종을 사서 땅에 깊이 묻었다. 나중에 곰곰 생각해 보니 그건 먹는 용도라서 윗동과 아랫동이 싹둑 잘린 모양이었다.

언제 싹이 트려나 싶기가 무섭게 얼마 뒤 싹이 올라왔다. 너무 기쁘게도! 두 알을 심었는데 하나는 크게 잘 자랐고 다른 하나는 작았다.

생강도 마트에서 파는 일반 생강으로 사 와 세 개를 심었다. 생강은 좀처럼 싹이 나지 않았다. 꽤 긴 시간이 지나고 그제야 싹이 텄다. 하나는 30센티미터 정도만 자랐고 다른 하나는 가을이 되자 단 하나의 줄기만 자랐다. 마지막 하나는 끝내 싹이 나지 않았다.

야쓰가시라ㅣヤツガシラ, 이시카와현 토란 품종ㅣ 품종도 심고 싶은데 이 또한 씨토란을 어디서 사야 좋을지 몰랐다. 이번에는 메루카리ㅣメルカリ, 일본 구매 대행 사이트(https://jp.mercari.com/)ㅣ에서 검색해 구했다. 그것도 딱 한 알. 이 귀한 녀석은 마당 화단에 심었는데 한참이 지나서야 눈이 나왔다. 한데 아무리 시간이 지나도 자랄 기미가 안 보였다. 결국 20센티미터 정도 크기에서 성장이 멈췄다.

화단이라 채소가 잘 안 자라나 싶어 밭에 옮겨심어 봤다. 당시 토란은 기껏해야 마늘 크기 정도로 매우 작았다. 시간이 지나고 이제는 잎조차 마른 것 같아서 그 부근은 마른 잎을 쌓아두는 장소로 정했다. 그러고 나서 얼마 뒤 신기하게

도 토란 잎이 마른 잎 사이를 헤집고 쑥 뻗어나왔다. '너, 아직 살아 있었구나!'

　너무 작다. 얘를 어쩌면 좋을까? 화단에서도 토란잎 하나가 삐죽 올라왔다. 옮겨심을 때 씨토란 일부가 속에 남아 있었나 보다. 당분간 이 토란들이 어떻게 될지 상태를 좀 지켜봐야겠다.

## 눈에 보이는 것과 보이지 않는 것

밭에서 수확해 온 채소에는 진흙이나 작은 벌레가 붙어 있다. 그래서 샐러드를 만들 때면 늘 주의하며 몇 번씩 씻는다. 채소를 물에 담가놓으면 종종 작은 달팽이가 나와 그릇 가장자리를 기어다닌다. 2밀리미터 될까 말까 한 크기의 달팽이다. 눈에 보이지 않을 정도로 자그마한 벌레부터 몇 센티미터 되는 제법 큰 벌레까지 많은 생물이 밭에 산다.

너무 작은 벌레는 밟아도 으스러지지 않는다는 사실도 알았다. 망가뜨리거나 상처를 입히는 등 직접적인 해를 끼칠 수 있으려면 크기가 엇비슷한 종류라야만 한다.

가령 2밀리미터 정도로 아주 작은 개미는 발에 밟혀도 땅 틈으로 들어가 으스러지지 않는다. 더 작은 생물일수록 건재하다. 그러니 세균도 으스러질 일이 없다. 결국 내 눈은 인간의 눈에 들어오기 딱 맞는 크기의 생물만을 인식한다.

지나치게 작은 세균도, 지나치게 광활한 우주도 우리 눈에는 들어오지 않는다. 규모가 너무 다른 것들은 내 삶에 별다른 영향을 주지 못한다. 하지만 규모 차이가 아무리 커도 '공존'은 할 수 있다. 인간과 몸속 세균이 함께 살아가는 것처럼.

크기가 달라지면서 저마다의 세계가 생긴다. 우리는 인간 크기의 층위에 살고 있다. 이따금 너무 작거나 큰 생물을 마주했을 때, 눈으로 내다보기 어려운 커다란 존재에 생각이 가 닿았을 때 마음은 한없이 겸허해진다.

---

강낭콩 재배가 잘 돼서 10월 초까지는 메뉴가 풍성했다. 오크라와 작은 피망도 간간이 수확했고 번행초|시금치와 비슷한 약용식물|도 채취했다. 그러던 게 10월 10일쯤부터 여름 채소는 거

의 끝물이고 가을·겨울 채소는 아직 작아서 먹을 수 없었다. 하는 수 없이 채 자라지 않은 비름잎을 따서 기름 살짝 두른 팬에 치쿠와|ちくわ, 가운데 구멍이 뚫린 원통형 어묵|와 함께 볶아 먹었다. 벌레가 잎을 전부 먹어버렸던 공심채는 어느새 새잎이 돋아 이제 곧 먹을 수 있을 것 같다.

가을·겨울용으로는 뿌리채소 씨를 잔뜩 뿌렸다. 개중에는 시금치나 래디시처럼 싹이 나지 않은 녀석도 있다. 경수채|물과 흙으로만 재배하는 새싹 채소|도 수확이 코앞이다. 갓은 이만하면 되었고… 당근은 무슨 까닭인지 5, 6센티미터 크기에서 생장이 멈췄다. 무는 점점 더 커지고 있다.

밭에서 나는 채소만으로 생활하고 싶지만 정말 아무것도 없을 때는 가끔 재료를 사 온다. 그럴 때는 곰곰이 생각해서 내가 키우지 못하는 종류나 특별히 맛있어 보이는 재료를 택한다.

토란을 캘 때가 다가온다. 한꺼번에 캐내면 저장이 어려우니 먹을 만큼 하나씩 캐면 어떨까? 여름 채소와 가을·겨울 채소의 경계인 지금이 가장 아무것도 없을 때일지도 모른다(첫 번째 보릿고개는 봄이라고 한다. 이 사실을 나중에야 앎). 오늘은 래디시와 무에 흙을 두둑이 덮으며 그런 생각을 해봤다.

다양한 채소를 되도록 많이 키우고 싶었다. 그런 마음에 싹이 트지 않았거나 트더라도 곧장 죽은 채소는 몇 번이나 씨를 다시 뿌려봤다. 그런데 생각해 보면 올해 전부 성공적으로 키울 필요는 딱히 없다.

올해 잘 자라는 채소에만 집중하자. 자라지 않은 채소는 내년에 다시 도전하면 될 일이다. 싹을 내고 잘 자라는 채소가 하나라도 있다면 그 녀석을 소중히 대해줘야지. 이번 연도에 잘 자란 채소들은 그 해와 연이 닿은 것이다. 완벽을 목표로 하지 않고 무리하지 않았는데도 올해 내게로 온 채소들. 결국 이만큼이 내게 필요한 전부일지도.

매일 여러 채소를 조금씩 먹는다.

번행초 나물을 즐겨 먹는 요즘.

밭과 나는 이인삼각으로 천천히 나아간다. 밭에 부담을 주지도, 내가 안간힘을 쓰지도 않으려 한다. 그저 유연하게 나아가자고 마음먹고 보니 싹이 올라오지 않아도 '내년에 즐거울 일이 늘었구나' 정도로 생각하게 되었다. 내일은 밭 전체를 천천히 바라보며 그저 관찰해야겠다.

초여름에 목화나무 모종을 사서 마당에 심었다. 습기가 많은 자리였는지 10센티미터 정도 자라더니 이후로는 전혀 성장하지 않았다. 하나를 더 사서 이번에는 밭에 심었다. 다행히 밭에서는 나무가 쑥쑥 자랐다.

어느 날 짐승이 파헤쳤는지 뿌리째 쑥 뽑힌 목화나무가 바닥에 나뒹굴고 있었다. 첫 꽃이 핀 직후였는데 말이다. 뿌리가 마른 듯 보였지만 일단 다시 심었다. 나무 위쪽은 조금 시들해도 뿌리에서는 금세 새순이 돋았다. 마당에 있던 성장이 멈춘 목화나무는 그 옆으로 옮겨심었다. 목화나무 두 그루는 둘 다 크기가 비슷했다. 30센티미터가 조금 안 되는 길이다.

한 번 베어낸 목화가 부활했다.

마당에 있던 목화를 그 아래쪽으로 옮겨심었다.

10월이 되자 나무들은 다시 꽃을 피우기 시작했다. 오크라꽃처럼 노랗고 부드러웠는데 다음 날이 되자 색깔이 분홍빛으로 물들었다. 부용꽃 같다고 생각했다. 하루빨리 솜이 차오르면 좋겠다. 날은 곧 차질 테고 추워지면 목화는 성장이 멈출 것이다. 목화솜이 제때 영글 수 있으려나.

요즘은 밭에 수확할 채소가 마땅치 않다. 잎이 사라진 공심채에서 새로 나왔던 잎마저 전부 따서 먹어 치웠다. 다음 대

안으로 생각한 채소는 루콜라다. 봄에 솎아낸 채소를 밭 틈새에 조금씩 나눠 심었더니 여기저기에서 루콜라가 올라왔다. 보드랍게 올라온 잎 위주로 수확해 샐러드로 만들어 먹곤 하는데 털이 나서 뻣뻣해 보이는 잎도 먹을 수 있을지 모르겠다. 찾아보니 루콜라는 볶아서도 먹는다고 한다.

곧바로 이제껏 꺼리던 뻣뻣한 잎이나 갈색이 된 잎, 벌레 먹은 잎을 다 모았다. 어차피 볶을 거니까 상관없다. 올리브오일에 달걀과 같이 볶으니 맛있었다! 루콜라는 참깨 맛이 감도는 게 자연의 풍미가 담뿍 느껴진다. 그래서인지 영양가도 풍부할 거라고 짐작하게 된다.

그리고 다시 밭을 가만히 응시하는 날들이 이어졌다. '오늘은 뭘 먹을 수 있을까?' 이 고민은 마치 롤플레잉 게임에서 에너지가 적은 상태일 때 고심하여 사냥감을 골라 모으는 재미와 비슷하다. 예전에 그 게임을 자주 할 때는 나무 열매나 과일을 꼬박꼬박 모으는 데서 즐거움을 얻곤 했다.

밭을 한번 쭉 둘러봤다. '어라? 이건 이제 먹을 수 있겠는데?' 겨자채와 소송채 중 솎아낼 것들이 눈에 띄었다. 크기는 아직 작지만 촘촘하게 붙어 있으면 솎아내야지 별 수 있나. 솎아낸 자잘한 채소도 모아놓고 보면 그 양이 상당하다.

솎아낸 래디시, 멜로키아의 작은 잎, 덩굴 채소의 작은 잎… 잘 찾으면 먹을 만한 건 언제든 있다. 찾기 힘든 재료일수록 발견하고 맛보았을 때 더 큰 기쁨이 온다. 마트에 가면 뭐든 손에 넣기 쉬운 시대지만 그걸로는 게임이 성사되지 않는다. 게임은 규칙 안에서 이루어질 때 비로소 재미가 생긴다. 누가 뭐래도 나는 지금이 매우 즐겁고 보람차다. 생을 바쳐 오래 즐길 수 있을 만한 롤플레잉 게임을 하고 있는 기분. 다른 이에게 설명할 길이 없을 정도로 벅찬 기쁨이다.

## 벌레와 세균,
## 우리 모두 애쓰고 있다

배추벌레가 너무 싫다. 밭에서 배추벌레를 발견하면 그 부근은 늘 그대로 방치했다. 봄에는 소송채와 지지미나에 유난히 많았고 여름에는 오크라의 커다란 잎에 벌레가 달라붙어 갉아 먹는 통에 모든 잎이 너덜너덜해지고 말았다. 그때도 그저 그대로 두었다.

그렇게 가을·겨울 채소 씨를 뿌리고 어서 쑥쑥 자라기를 바라며 지켜보던 어느 날, 문득 아스파라거스 옆 부근에 시금치 하나가 싱싱하게 자란 모습을 보았다. 여기에 씨도 안 뿌렸는데 말이다. 올해 뿌린 건 아직 2센티미터 정도 크기인데 혹시 봄에 뿌린 씨앗이 자란 건가? 신기하면서도 기분이 좋았다. 마치 하늘이 준 선물 같다.

'딱 한 줄기 돋아난 싱싱한 시금치, 소중히 키워야지.' 그런 마음으로 주변에 어떤 채소도 심지 않았고 시금치는 혼자 당당하게 잎을 활짝 펼치며 자라났다. 생기 가득한 이 시금치가 15센티미터 정도로 커졌을 무렵, 벌레 먹은 구멍이 눈에 띄기 시작했다. 드디어 벌레 녀석이 온 것이다. 안타깝지만 어쩔 수 없다. '언젠가 벌레도 다른 데로 가겠지' 하며 잠시 그대로 놔두었다. 하지만 벌레 먹은 구멍이 하루가 멀다고 점점 늘어나더니 그 생생하던 시금치 잎마다 벌레가 앉아 결국 구멍투성이가 되고 말았다. 이 일을 어쩐담.

문득 궁금해져 어떤 벌레인지 들여다봤다. 잎 뒷면을 보니 크고 작은 녹색 배추벌레가 잔뜩 붙어 있었다. 2~3밀리미터부터 1.5센티미터까지 크기도 다양했다. 그리 바쁘지 않은 시기여서 큰맘 먹고 벌레를 잡기로 했다. 플라스틱 상자와 핀셋을 가져왔다. 핀셋으로 벌레를 살짝 집어 한 마리, 한 마리 상자 속에 넣는다. 큰 것, 중간 것, 작은 것, 아주 작은 것… 모두 합쳐 스무 마리 이상은 잡았다. 그 녀석들을 밭과 떨어진 풀숲으로 데려가 상자째 두었다. 몇 시간 뒤 상자 안을 보니 벌레는 모두 어디론가 사라지고 없었다. 휴, 다행이다.

다음 날도 그다음 날도 벌레를 찾으면 잡아서 풀숲에 갖다 놨다. 항상 두세 마리는 눈에 띄었다. 손 닿으면 동그랗게 몸을 말아서 땅에 떨어지므로 조심스럽게 잡지 않으면 놓치기 일쑤다. 그런 생각을 할 때쯤 배추벌레가 예전만큼 무섭지 않게 느껴졌다. 한번은 장갑을 끼지 않고 있었는데 내친김에 맨손으로도 잡아봤다. '음, 별것 아닌데?' 그날부터는 맨손으로 슬쩍 잡을 수 있을 만큼 벌레에 익숙해졌다.

벌레가 어느 정도 사라지고 너덜너덜해진 잎사귀는 심한 부분을 과감히 정리해 비교적 깨끗한 부분만 남겨뒀다. 주변 잡초는 뽑고 땅에 마른풀도 덮었다. 마음을 담아 정성스레. '앞으로 어떤 벌레도 찾아오지 않을 거야. 매일 보러 올 테니 예쁜 잎사귀 빨리 기르렴.'

그런 마음으로 오늘도 시금치를 손질했다. 아직은 여전히 너덜너덜한 잎이지만 안쪽에서 작은 잎이 몇 장 새롭게 자라나고 있다. 기특하다. 나 또한 배추벌레가 없는지 꼼꼼히 확인하고 주변 땅까지 샅샅이 살핀다. 아직 괜찮다. 물도 줬다.

가끔 밭에서 일하다가 채소 잎 자체의 맛이 궁금해 살짝 뜯어 먹어본다. 이 시금치도 먹어볼까? 벌레도 사라졌고 건

강하게 자랄 날만 남은, 생기 가득한 지금이 바로 그때! 잎사귀 끝을 뜯어 입에 넣고 오물오물, 신중히 맛보자. '음…? 이건 시금치가 아닌데!'

쓰다. 이 녀석의 정체는 수영|oseille, 여러해살이풀 중 하나로 '소렐'이라고도 부른다|이다. 무심결에 시금치인 줄 알았던 수영을 빤히 바라봤다. 말쑥한 모습에 주변 땅도 잘 정돈되었다. 흐음. 곧바로 땅에서 올라온 녀석을 싹둑 베어내 아스파라거스 위에 깔아줬다.

여담이지만 사실 수영의 작은 새싹을 정말 좋아한다. 쌉싸름한 맛이 좋아서 부러 샐러드에 넣어 먹곤 한다. 그러고 보니 여름 무렵에도 비슷한 일이 있었다. 피망인 줄 알고 소중하게 키우던 피망 옆 두 그루의 채소가 알고 보니 피망과 많이 닮은 풀이었다. 잎이 비슷해서 당연히 피망인 줄 알았는데 꽃이 피고 보니 아니었다. 피망은 꽃이 상대적으로 큰데 옆 식물은 풀 모양은 비슷해도 꽃이 작고 아래쪽을 향해 피어났다. 무엇보다 꽃 뒤에 작고 둥근 열매가 맺혔다. 그것을 보고 재빨리 베어냈다.

어쨌든 덕분에 배추벌레 공포증을 극복했다! 지금은 수영을 베어냈으니 그 자리에 또 어떤 씨앗을 뿌릴지 고민 중.

시금치인 줄 알고 정성껏 키운 수영. 벌레가 잔뜩 갉아 먹은 모습.

송장벌레가 있는 부근에 땅콩을 심었는데 잎이 갈색으로 변해서 캐기로 했다. 당시에는 땅콩 씨가 어디서 파는지도 몰라서 메루카리에서 구해(열 개에 380엔 하는 점보 땅콩) 심었다. 두 그루가 있는 가운데 더 큰 쪽 땅콩을 파내려 한다. 지난달 몇 알만 캐서 삶아 먹어봤는데 어찌나 고소한지 그 맛에 깊이 감동했다.

'땅콩이 얼마나 달렸으려나' 생각하며 뿌리부터 살며시 파냈다. 꽤 묵직한 게 달렸다. 줄기를 잡아당기니 자연스럽게 흙에서 빠져나왔다. 마지막 뿌리 부분만은 좀 더 손이 갔다. 뒤집어서 성과물을 천천히 바라봤다. 땅콩을 캐낸 자리는 흙이 꽤 단단하다. 이렇게 딱딱한 땅에 심었다는 게 놀라울 정도다. 캐낸 땅콩은 현관 앞에 거꾸로 놓고 그대로 말리면 된다.

저녁에 땅콩 몇 알을 따서 삶아 맛보았다. 지난달 감동이

땅콩 수확! 많아 보이지만 땅콩을 알알이 골라내면 그렇지도 않다.

너무 컸던 걸까, 오늘은 그 정도는 아니었다. 역시 뭐든 첫 경험이 가장 강렬하다. 처음은 누구에게나 한 번뿐이라서 소중히 여기지 않으면 안 된다. '첫 경험'을 체감하는 일이 죽는 순간까지 계속되기를.

 땅콩 쉰 알 정도를 먹고 나머지는 냉장고에 넣어뒀다. 현관 앞에 남은 땅콩은 잘 말려서 볶음 땅콩으로 만들어야지.

시금치 씨를 두 군데에 날짜 간격을 두고 뿌렸는데 잘 안 자랐다. 발아는 했어도 좀처럼 크지 않는다. 흔적도 없이 사라지거나 작게 움츠린 것들뿐이다. 씨는 오랫동안 묵히면 안 된다고 해서 봉투에 남은 씨를 뿌리려고 한다. 우엉 씨를 뿌려 실패했던 자리에 남은 씨를 전부 파종했다. 그러자 엄청난 비율로 발아가 되어 거의 다 싹이 났다. 심지어 촘촘하게. 그전에는 시금치 씨를 뿌리기에 기온이 너무 높았을지도 모르겠다. 요즘은 제법 쌀쌀하다. 파종에도 다 때가 있는 모양이다. 조금 더 자라면 솎아내야 한다.

 계속 비가 오지 않았는데 어제는 근 한 달 만에 비가 내렸다. 그 덕인지 다른 채소도 싹이 제법 올라왔다. 바싹 말랐던 흙이 적당히 축축해진 지금이 씨를 뿌려야 할 적기! 해서 청경채 씨를 얻어왔다. 문제는 더는 뿌릴 자리가 없다는 것. 여기도 안 되고 저기도 안 된다. 이미 무언가를 뿌린 상태다.

   하는 수 없이 이랑 남쪽 부근 20센티미터 정도 되는 경사면 한가운데를 가로로 평평하게 깎았다. 여기에 뿌려야지. 싹이 난다면 그것대로 행운이라 생각하며 씨를 뿌렸다. '너무 촘촘히 자라지 않기를… 솎아내기는 고생스러우니까.' 순간 눈앞으로 무언가가 지나갔다. 다채ㅣ양배추와 순무를 교배해 만든 중국 겨울 채소로 '비타민채'라고도 부른다ㅣ 떡잎 주변으로 작디작은 개미 한 마리가 보였다. 3밀리미터쯤 되는 배추벌레 사체를 나르고 있다.

   '우리 모두 오늘은 일하는 날이구나. 같이 힘내자.'

   개미와 나의 일상, 우리 서로 규모는 달라도 비슷한 일을 하고 있다.

 

학창 시절 이과 수업 시간에 뿌리혹 세균을 배운 적이 있다. 질소고정세균. 아조토박터, 클로스트리듐이 아직도 기억난

뿌리혹 세균의 둥근 알갱이.

다. 콩과 식물 뿌리에 붙어 있는 혹 속에서 사는 뿌리혹 세균. 이 세균은 대기 속 질소를 식물에 제공하는 일을 한다고 한다.

뿌리째 뽑아낸 땅콩을 현관 앞에 거꾸로 매달아 말리고 있는데 현관을 지나다닐 때 문득 올려다보니 뿌리혹 세균 혹이 잔뜩 보였다. 꼭 목걸이 같다.

'오, 이게 바로 그 세균!' 좀 감동했다. 살면서 어디선가 봤을지도 모르지만 뿌리혹 세균의 존재를 의식하고 자세히 들여다보는 건 처음이라서.

원 없이 심고
원 없이 후회하기

10월 말이 되었다. 한 달도 더 전에 뿌린 비트에서 싹이 트고 떡잎까지 났지만 그 뒤로 생장이 멈췄다. 줄곧 1센티미터 정도 크기에 머물고 있다. 봄철 피망과 토마토도 비슷한 상태를 보이다가 3개월 뒤쯤 갑자기 자라기 시작했는데 그때와 같으려나? 기분 탓인지는 몰라도 어딘가 작아진 것 같기도 하고.

당근도 그대로다. 개중 가장 큰 녀석은 20센티미터 정도. 알싸하고 매콤한 향미 채소(허브) 큰다닥냉이는 가장 많이 자란 게 겨우 5센티미터 정도이고 개화 시기인지 꽃도 피었다. 그 옆에 좀 더 작은 큰다닥냉이 잎사귀를 조금 뜯어 먹어 봤다. 얼얼하고 매운 게 맛이 좋았다. 천천히 자라나는 것 같아서 일단 지켜보려 한다. 다행히 시래기류는 꽤 잘 자란다.

봄에 작은 싹이 잘 자라지 않을 때 알아보니 어느 정도 성장할 때까지 모종판을 활용하면 좋다고 했다. 그래서 가을에 채소 씨를 뿌릴 때는 두 종류의 모종판을 사서 시도해 봤다. 결과는 모두 실패였다. 싹이 나지 않거나 나와도 금세 시들었다. 흙이 좋지 않아서 그랬을지도 모른다. 아니면 정성이 부족했나? 어쨌든 육묘는 어렵다.

홈센터 씨앗 가게에 몇 번인가 갔을 때 매장 인기 채소 열 종이 놓인 선반이 보였다. 1순위는 언제나 '미이케 갓(다카나 품종)'이었다. '갓? 갓은 절여서 먹는 건가?' 맛이 궁금했지만 장아찌류를 만들 일은 좀처럼 없을 듯해 사지는 않았다. 미이케 갓(다카나)을 제외한 나머지 인기 종은 거의 다 샀던 기억이 난다.

10월 하순 어느 날, 언제나처럼 아침에 눈을 뜨자마자

'섬의 자연농원' 영상을 틀었다. 그날 갓 수확한 미이케 갓(다카나)과 아쓰아게(厚揚げ, 두부를 두툼하게 썰어 튀긴 것)를 함께 볶은 듯한 요리가 나왔다. '아, 맛있겠다. 장아찌만 있는 게 아니구나. 볶음 요리도 가능하다니! 게다가 알싸하니 맛있다네. 저건 꼭 사야 해!' 바로 침대에서 뛰쳐나와 씨앗을 사러 달렸다. 올해는 어쨌든 여러 채소를 키워서 어떤 잎인지, 어떻게 자라는지 관찰하는 한 해로 정했으니 궁금한 건 뭐든 키워봐야 한다.

미이케 갓(다카나) 씨앗이 어디에 있는지는 이미 잘 알고 있다. 거기로 직진하고 있는데 바로 코앞 받침대에 놓인 양파 모종이 눈에 들어왔다. 일반 가격으로 판매되는 모판 구석에 '제발 사 주세요!'라고 손 글씨로 적힌 종이가 있고, '양파 모종 50엔'이라 적혀 있었다. 잎끝이 조금 누렇게 변하기 시작해서 쭈글쭈글해진 양파였다.

양파라면 이미 햇양파(2, 3센티미터 크기의 어린 양파. 씨나 모종으로 재배하는 것보다 쉽고 빠르게 기를 수 있다고 해서 선택)를 열 개 남짓 심었고, 씨 상태에서 모종으로 기른 가늘고 약한 양파 스무 그루 정도가 밭에서 자라고 있다. 하지만 '제발'이라는 글귀가 마음에 걸렸다. 나도 모르게 걸음을 멈춰

3막 계절의 갈림길에서

가정용 양파를 심어 마른 잎으로 덮어둔 모습.

모종을 잡고 가만히 바라보다 한 뭉치 사버렸다. 이제 더는 심을 곳도 없는데 말이다.

　장보기를 마치고 밭으로 갔다. 미이케 갓(다카나) 씨앗은 멜로키아 근처에 뿌렸다. 양파 모종은 어쩔 수 없이 밭 경계에 심기로 했다. 쉰 개 정도를 밭두렁에 파묻었다. 어떻게 자랄지 기대된다. 양파가 많이 생기면 좋겠다.

　하지만 시간이 지나고 후회했다. 지나치게 할인해서 파는 약한 모종은 역시 사지 말았어야 했다. 양파가 죽어가고 있다. 옆에 일반 가격으로 판매하던 380엔짜리 모종을 살 걸 그랬다. 가격을 낮춰 파는 꽃 모종을 사서 잘 키워내는 일에 재미를 느껴 똑같이 생각했는데 채소 모종은 예외였다. 이제부터는 건강한 상태인 것을 사야겠다.

▦

9월에 이랑에 뿌린 시금치는 전혀 자라지 않았다. 이랑이 아

우엉 싹이 난 자리.

닌 풀이 난 땅에 직접 뿌린 씨는 싹이 많이 올라왔다. 우엉 싹이 난 자리다. 잎이 점점 커지면서 본잎이 나오기 시작해서 시금치 잎을 솎아냈다. 이때 대담하게 솎아내지 않으면 오히려 자라지 않는다는 것을 봄에 실패하면서 배웠다.

시금치는 떡잎 때와 본잎이 나온 뒤로 나누어 두 차례 솎아냈다. 씨를 너무 많이 뿌리면 솎아내는 게 일이고 싹이 나지 않을 때는 '씨를 더 뿌릴걸' 하는 게 사람 마음이다. 어느 쪽이든 후회는 남지만 경험이 쌓일수록 망설임은 적어진다. 초보자인 지금은 마음껏 하고 싶은 대로 하려고 한다. 후회도 마음껏 할 예정.

나라는 사람은 따끔한 맛을 보고 '이제 됐어. 충분해. 두 손 두발 다 들었어'라고 할 때까지 가지 않으면 좀처럼 수긍하지 못한다. 이런 나를 알기에 철저히 내 방식대로 나아가보려 한다.

생땅콩을 삶아서 먹었을 때 맛이 참 좋았다. 남은 땅콩은 얼려뒀다가 상온에서 해동해 여러 번 나눠 먹었다. 그것도 맛있었다. 나머지는 이제 말린 땅콩이다. 줄기에서 땅콩만 떼어내면 의외로 양이 많지 않다. 커다란 밥공기 하나 정도 나온다. 껍질을 벗겨서 알맹이를 꺼내니 더 적다. 작은 밥공기 하나 정도?

말린 땅콩을 프라이팬에 볶았다. 작고 쪼글쪼글한 녀석들은 맛이 별로일 것 같다. 큼직하니 모양이 확실한 땅콩 열매는 서른 개 정도뿐, 그런데도 볶는 데 30분이나 걸렸다. 아직 부드러우니 내일 아침에 식으면 먹어야지.

다음 날 아침, 볶은 땅콩을 먹었다. 엄청 맛있었다. 모양이 별로인 땅콩은 역시나 맛이 없었고 썩은 것도 있었다. 그래도 열매가 실한 것들은 대체로 고소하니 맛있었다. 볶은 땅콩도 물론 맛있지만, 내 입맛에는 삶은 땅콩이 더 잘 맞다. 땅콩 모종은 이제 밭에 하나 남았다. 땅콩 줄기 밑에 달린 잎이 마저 시들면 파내야지. 이번에는 모두 삶아서 먹을 테다.

텃밭 사진 일기

홈센터에서 구입한 에코백은 밭에서도 즐겨 쓴다.

수확한 채소를 깨끗하게 씻어서
소분하는 즐거움.

많지 않은 재료로 요리해 아기자기하게
식탁을 차리는 것도 또 하나의 즐거움!

어머나, 이 땅콩 좀 봐!

호박 두 개가 열렸다.

호박, 조금 이른 수확. 풋콩도 강낭콩도 맛있다.

역시 아직 덜 익었다.

일단 먹어볼까?

구운 호박.

오크라와 방울토마토.

여주 꽃을 코에 얹어봤다.

바질잎이 무성하게 자랐다. 혼자 먹기엔 너무 많다.

파란 하늘 아래 쭉쭉 뻗은 강낭콩.

비름 씨를 뿌렸지만 거의 자라지 않았다.

루콜라, 풋콩, 가지, 오크라, 강낭콩.

배추 싹이 나왔다. 양배추 씨도 뿌렸다.

가느다랗지만 정말 맛있는 풋콩.

뿌리 끝이 두 갈래로 나눠진 우엉이 열렸다.

씻어서

도마 위로.

우엉과 잎새버섯을 볶아 스키야키를 만들었다.

9월 15일, 소송채, 지지미나, 가쓰오나|かつお菜, 겨자종 채소 중 하나|의 싹이 나왔다.

강낭콩이 자랐다. 하얀 여주의 노란 꽃도 활짝 피었다.

9월 16일, 오크라는 기둥 같다. 멜로키아가 조그맣게 자란다.

가지 꽃과 열매, 그리고 잠자리.

오크라 꽃, 잎은 벌레가 생겨서 둥글게 말렸다.

하얀 여주를 수확했다.

수확한 채소는 보통
잠시 물에 담가둔다.

오늘 수확한 채소로 만든 점심 한 끼.

우엉 두 줄기. 이것도 뿌리 끝이 두 갈래도 나뉘어 있다.

오늘의 채소로 만든 샐러드.

4막

# 가을 수확

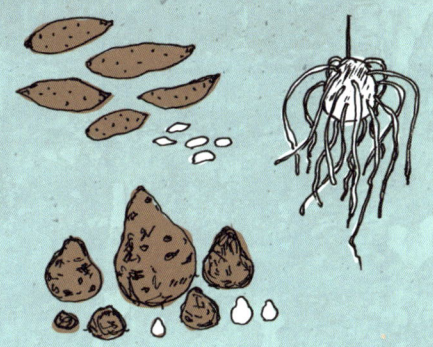

## 목표는 언제나
## 먹을 만큼만

봄에 토란을 파종할 당시 나는 씨토란이 어디서 파는지도 몰랐고 주변에 물어볼 생각조차 하지 못했다. 그래서 길가 휴게소에서 파는 아카메 오야이모 |親芋おやいも, 부모(親)와 토란(芋)이라는 한자가 결합한 단어|라 적힌 커다란 토란 품종을 사서 심었다. '오야이모'라는 단어를 보고 '아, 이게 어미 토란이니 여기서 어린 토란 싹이 나오나보다'라고 생각했던 것 같기도 하다. 나중에야 안 사실이지만 오야이모는 식용 토란을 의미했다. 토란 위아래가 잘린 상태에 하얀 속살이 보였다. 그래도 시간이 한참 흐르니 싹이 트고 잎도 무성해졌다.

언제쯤 캐낼지 기대하며 가을날을 보내다가 "토란은 어린 토란을 심는 거야"라는 말을 들었다. 두둥! '저 무성한 잎 아래로 토란이 하나도 맺히지 않겠구나' 생각하니 실망스러운 마음을 감출 수 없었다. 정말 그렇다면 볼 때마다 속상할 테니 전부 파내고 다른 채소를 심자고 생각했다.

내친김에 뽑아내려고 집을 나선 순간 문득 '나처럼 어미 토란을 심은 사람도 있지 않을까?' 생각했다. 그리고 인터넷으로 찾아봤다. 다행히 어미 토란을 씨토란으로 사용하기도 한다는 정보를 발견했다. 보통은 어린 토란을 심지만 나처럼 어미 토란을 심는 사람도 있는 모양이다. '뭐야, 그런 거야?' 기운이 쭉 빠졌다.

밭으로 가서 토란을 둘러봤다. 커다랗고 푸르른 잎이 쭉 뻗어나고 있다. 커다란 잎 하나, 작은 잎 하나. 좋다, 좋아. 오야이모 토란 옆으로는 알이 아주 작은 야쓰가시라 토란종이 20센티미터 크기로 자라고 있다. 스무 그루 정도 되는 가느다란 토란 줄기에 작은 잎이 달렸다. 야쓰가시라 토란은 메루카리에서 개당 1,980엔에 샀다. 막 구입해 마당 화단에 심었는데 15센티미터 정도 자란 뒤 성장이 딱 멈추었다. 여름이 되어도 더 자라지 않길래 '이 자리가 맞지 않나 보다' 생각해

가을에 밭으로 옮겨심었다.

옮길 때 토란 크기는 마늘 정도였다. 그때부터 다시 자라기 시작했기에 알이 더 커지지는 않았다. 그중에서도 잎이 큰 토란을 찾아서 캐보았다. 삽을 꽂아 앞으로 넘어뜨리니 생각보다 쉽게 땅이 파헤쳐졌다. 과연 토란이 더 달렸을까? 달렸다! 그것도 꽤 크다. 잎이 작은 쪽도 캐냈다. 커다란 어미 토란 네 개, 어린 토란이 열한 개나 맺혔다. 뿌듯하다.

수확한 토란에 묻은 흙을 털고 쭉 늘어놓아 봤다. 토란 전체에서 하얗고 긴 뿌리가 나와 사방으로 뻗어 있었다. 이런 모양인 줄 몰랐는데 왠지 좀 징그러웠다. 요괴 같다고 해야 할까, 우주 생명체를 닮았다. 보기 좀 흉해도 뿌리 하나를 손가락으로 집어 들어 찬찬히 관찰했다.

남은 야쓰가시라를 어떻게 해야 할지 고민이 된다. 더 파내야 할까, 이대로 둬야 할까? 기온이 내려가면 감자류는 다 썩는다고 들었던 기억이 있다. 이대로

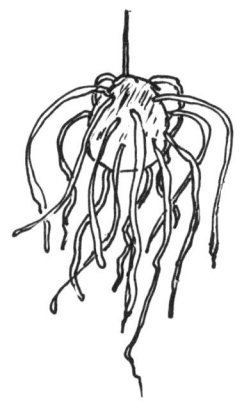

토란. 이런 모양이다.

뒀다가 서리가 내릴 무렵 모두 썩을 거라면 작더라도 지금 캐는 게 좋을지도 모른다. 그래서 결국 파냈다. 3센티미터 크기의 야쓰가라시 줄기 아래로는 토란이 다섯 개 정도 열렸다. 작아도 너무 작다. 캐지 않아도 될 뻔했다.

다음은 마음을 가다듬고 두 번째 땅콩 수확에 도전했다. 첫 번째 땅콩을 파낸 게 2주 전이다. 더디게 자란 두 번째 줄기 땅콩도 슬슬 잎 밑부분이 누렇게 변하고 있다. 땅콩은 쉽게 파냈다. 실한 땅콩이 잔뜩 맺혔다.

오야이모 토란, 야쓰가시라 토란, 땅콩까지 만족스러운 수확이다. 점점 먹을 것들이 늘어간다. 잎채소도 벌써 꽤 자랐고 고구마는 여전히 풍족하다. 내 목표 중 하나, 딱 먹을 만큼만 재배하는 것. 너무 많이 키우지는 않으려 한다. 그래도 앞으로 먹느라 바쁜 나날이 펼쳐질 것 같다. 모두 차분히, 정성껏 맛봐야지.

그날 밤 토란을 찜기에 올려 찐 뒤 소금을 찍어 맛보았다. '맛있어!' 야쓰가시라 토란은 조금 딱딱했다. 먹기에는 아직 일렀던 모양이다. 커다란 어미 토란 하나를 따로 보관했다가 내년 봄에 다시 심어봐야겠다.

토란을 수확했다. 토란 뿌리는 이런 모양.

11월 3일, 토란과 두 번째 땅콩 줄기.

촘촘하게 난 싹을 솎아내는 일은 꽤 손이 간다. 올봄에 이미 뼈에 사무칠 정도로 경험했다. 싹이 빽빽하게 올라오지 않게 하려면 씨앗을 뿌릴 때 되도록 씨와 씨 사이가 겹치지 않도록 간격을 둬야 한다. 그런데 막상 파종할 때가 되면 귀찮아서 적당히 씨를 휘휘 흩뿌리게 된다. 그렇게 싹이 올라오면 아주 당황스러운 상황이 펼쳐진다. 한 자리에 싹이 세 개씩 올라와 어쩌면 좋을지 고민이 되기 때문이다. 다른 두 싹을 잘라내지 않고 그대로 두면 모든 싹이 자라지 않을 가능성이 크다. 그래서 여유가 있으면 두 싹을 조심스레 파내 다른 곳으로 옮겨심는다.

오늘이 바로 그런 날이다. 한가한 날. 숟가락으로 파내면 손쉽다는 사실을 안 뒤로 작은 싹은 숟가락을 이용해 판 뒤 옮겨심는다. 흙에 얼굴을 가까이 대고 톡톡톡. 1~3센티미터로 자란 자잘한 경수채를 파내 빈자리로 옮겨심었다. 크게 자라날 걸 고려해 충분히 여유로운 자리로 골랐다. 솔직히 말하면 이제 그만큼 여유 있는 공간은 없다. 어떻게든 아슬아슬하게라도 심을 수 있겠다 싶으면 죽이 되든 밥이 되든 땅속으로 욱여넣을 뿐이다.

    일정한 간격으로 옮겨심은 경수채, 이 중 어떤 싹이 튼실히 잘 자랄까? 한 손에 숟가락을 들고 묵묵히 밭에서 일하고 있으려니 밭 옆 도로에서 교통 정리를 하던 오빠가 뭐 하냐고 큰소리로 묻는다. 나는 오늘 일을 설명했다. 잠깐 동안 이런저런 이야기를 나눌 수 있어 즐거웠다.

## 가꾼 작물을
## 아이들에게 보내다

미이케 갓(다카나)에서 작은 떡잎이 나와 조금씩 옆으로 옮겨 심어야 했다. 떡잎이 너무 촘촘히 올라온 탓이다. 씨앗은 1밀리미터 정도로 매우 작았는데 무심코 훌훌 많이 뿌렸나 보다.

미이케 갓(다카나)은 30~40센티미터 크기로 자란다길래 충분히 여유 있는 자리로 옮겨심고 싶었다. 그런데 내가 고른 자리는 가로, 세로 30센티미터 면적이다. 그렇다는 건 단 한 포기밖에 옮겨심지 못한다는 얘기. 떡잎은 백 개 정도 올라왔는데 어쩐담. 하는 수 없이 3, 4센티미터 간격을 두고 옮겨심었다. 좀 더 자라면 다시 솎아내 마지막까지 튼튼히 자란 것 하나만 남기면 된다.

 이 자리에 다 옮겨심지 못한 떡잎을 더 심으려고 자리를 찾아 헤맸다. 좁은 밭을 계속 두리번거리며 겨우 찾아낸 구석에 옮겨심은 뒤 그만하기로 마음먹었다. 이렇게 해서는 끝이 안 난다. 여기저기 너무 흩어서 심으면 나중에 힘들기도 하고. 봄에 이미 혼쭐이 나지 않았던가. 루콜라, 쑥갓, 파를 너무 여기저기에 심어서 나중에는 어디에 뭐가 있는지 몰라서 고생했다.

 물론 지금은 군데군데에서 올라온 루콜라 잎을 툭툭 떼어내 샐러드를 해 먹는 일이 그리 나쁘지 않다. 문제는 불편하다는 것. 아닌가? 꼭 그렇지도 않나? 채소들이 여기저기서 흩어져 자라는 일도 괜찮긴 하다. 수확은 좀 번거로워도 밭이 워낙 작은 편이라 엄청난 수고는 아니다. 자라나는 채소가 큰 작물이라면 곤란하겠지만.

 이러쿵저러쿵 혼자 생각하며 자질구레한 작업을 이어가는 포근한 가을날. '아, 기분 좋다!' 등으로 따끈한 가을 햇살이 쏟아지는 동안 열심히 옮겨심는 작업을 이어갔다. 이런 동작 하나하나로 작은 떡잎은 더 큰 생명으로 번진다. 후후, 결국에는 내가 먹겠지만. 나는 먹기 위해 키운다. 이렇게 말하는 건 좀 그런가?

어떻게 하는 게 옳은 일인지 모르겠다. 자라기 시작한 채소를 어느 때 멈추게 해야 할까? 하나, 떡잎일 때 가위로 잘라 솎아낸다. 둘, 떡잎이 조금 더 자라길 기다렸다가 솎아내 먹는다. 셋, 떡잎을 뽑아서 옮겨심는다. 식물 입장에서 사람이 먹는 편이 더 이로울까? 채소는 빛, 물, 영양분이 모여서 자라난다. 에너지 보존 법칙을 떠올리면 어느 순간에 멈춘들 결과는 같을 수 있다. 각 단계에서 어차피 다시 순환 고리로 되돌아간다. 등등… 꼬리에 꼬리를 문 여러 생각을 이어가며 잡다한 밭일을 처리하는 따끈한 가을날이 즐겁기만 하다.

이런 날이 올 줄이야. 내가 아이들에게 채소를 보내다니. 딸과 무슨 얘기를 하다가 "채소 좀 줄까?" 하고 물었더니 "응, 먹을래"라는 대답이 돌아와 보내주기로 했다. 보낼 만한 채소가 뭐가 있더라? 요즘 날이 추워지면서 잎채소가 꽤 많이 자랐다. 우선 무가 있다. 자색무, 청심무, 래디시… 또 상추랑 소송채, 미리 수확해 둔 고구마랑 토란도 있다. 빨갛게 익은 고추도 잘 말려놨다.

    일요일이 되었다. '좋았어!' 기합을 잔뜩 넣은 뒤 바구니를 들고 밭으로 갔다. 먼저 큰 무를 찾아 뽑아냈다. 주변 흙을 먼저 파내고 땅 밑으로 점점 더 파고 들어간다. 심을 때 나무 말뚝을 쳐서 땅속에 구멍을 냈기 때문에 올곧게 자랐는지가 가장 궁금했다. 부러지지 않게 조심스레 흙을 판 뒤 힘껏 뽑는다.

    '오! 반듯하게 자랐네? 신기하다!' 봄에는 공간이 좁아서 그랬는지 비틀어진 모양이거나 무가 두 갈래로 갈라졌었는데 이번에는 곧게 잘 자랐다. 하지만 지름 5센티미터 정도로 그리 굵지는 않았다. 하나 더 뽑아봤다. 이번 무는 더 가늘었다. 끝까지 다 뽑아보니 아랫부분은 물러서 썩어 있었다. '흠, 중간 부분까지는 단단하니까 먹어도 괜찮으려나?' 초록색 샐러드 무, 자색무, 작은 순무, 경수채, 상추, 래디시는 전부 크기가 작았지만 샐러드용으로 따로 모아뒀다.

    수확한 채소는 깨끗이 씻은 뒤 상한 잎을 말끔히 정리했다. 종류별로 종이로 싸서 매직으로 이름을 갈겨썼다. 고구마는 거의 다 울퉁불퉁하고 상처가 많지만 되도록 예쁜 것들로 골랐다. 토란도 같이 넣었다. 딸아이는 요리를 즐겨하는

아직 작지만, 생강을 캤다. 귀여운 생강 두 뿌리.

아들, 딸에게 채소를 보냈다. 채소를 고르고 담는 게 쉽지만은 않았다.

편이라 고추, 생강, 바질도 넉넉히 넣었다. 어차피 양은 충분하다.

이것들을 상자에 넣어 택배로 부쳤다. 조촐하지만 뭐, 어떤가. 순전히 나 좋다고 정성껏 길러 소중히 먹고 있는 것들일 뿐이지만 두 아이에게는 어떨까? 그저 작은 채소일 뿐이려나? 맛은 괜찮을지 괜히 궁금하다.

그나저나 채소 하나하나를 골라서 따고 씻고 다듬고 상자에 담기까지 꽤 시간이 걸렸다. 세 시간이 훌쩍 지나갈 만큼. 다시는 하지 말아야겠다 싶을 만큼 힘도 들었다. 내가 가꾼 작물을 누군가에게 주거나 파는 일은 '정말 고되구나' 새삼 생각했다.

11월 하순이 되고 누에콩과 완두콩 씨를 파종했다. 누에콩은 열 알 심었는데 일곱 알에서만 싹이 났다. 완두콩은 씨가 넉넉해서 잔뜩 뿌렸다. 그래서인지 싹도 잘 올라왔다. 당근은 거의 자라지 않았지만 무는 점점 굵어져서 뿌듯했다.

소송채, 지지미나, 가쓰오나는 크기는 작아도 나름 싱싱하게 자라서 나 혼자 굽거나 삶아 먹기에 충분했다. 상추와 경수채는 거의 매일 감과 함께 샐러드로 만들어 먹었다. 이 샐러드는 매일 먹어도 질리지 않는다. 가을과 겨울은 봄과 달리 벌레도 없어서 밭일이 이렇게 편할 수가 없다.

    고구마는 아직 잔뜩 있다. 전부 먹을 수 있을까? 천천히 먹어야지 싶은데 언제까지 보존할 수 있을지 모르겠다. 오늘 첫서리가 내렸다. 앞으로 채소는 점점 달아질 것이다. 동시에 서리가 내리면 채소가 시들지 않을까 걱정도 되었다. 하지만 하얗게 내린 서리가 배추나 상추를 둘러싼 모습은 장미처럼 아름답다. 땅에 깐 풀에도 서리가 맺혔다. 마치 그림 같다.

    서리가 내리면 채소는 얼지 않으려고 스스로 당분을 만든다고 한다. 그래서 맛이 더 달콤해진다고. 사실 날이 추워지면 채소가 점점 달아질 거라는 말을 처음 들었을 때 막연히 '아, 그런가보다' 생각했다. 원리를 알게 되니 비로소 그 말이 생생히 와닿았다. 나란 사람은 늘 이유를 알아야 쉽게 받아들인다. 다르게 말하면 이유를 모르면 순순히 받아들이지 못한다.

11월 27일, 첫서리가 내렸다. 얼어붙은 결정이 꽃 같다.

## 서리 내린 텃밭을
## 둘러보며

드디어 감자를 캔다. 밭을 일구기 시작한 게 4월부터라 봄 감자는 캘 수 없었다. 다른 밭에서 봄 감자를 수확할 때 어찌나 부럽던지. 가을 감자는 무슨 일이 있어도 수확하리라 준비하며 이날만을 기다렸다.

가을이 되고 감자 심을 시기가 왔을 때 홈센터에서 씨감자를 사 왔다. '대지마'라는 품종이었다. 감자는 텃밭 서쪽 끝 벽 가장자리, 띠 뿌리가 많이 났고 두더지 구멍도 있는 몹시 조건이 나쁜 곳에 심었다. 이 자리가 과연 괜찮을지 조금은 불안해하면서 열 개인지 열두 개인지를 심었던 것 같다.

언제 싹이 날지 이제나저제나 하며 기다린 끝에 드디어 싹이 났다. 그런데 씨감자 여덟 개에서만 올라왔다.

집 근처에 이코마고원이 있다. 그 고원 산기슭에는 유기농 채소를 키워 파는 부부가 산다. 그 집 채소가 맛있기로 소문이 나서 등산을 마치고 돌아오는 길에는 꼭 들르는 편이다. 여름에 거기서 산 감자가 매우 맛있었다. 노르스름한 빛깔에 단맛이 감돌았다. 너무 맛있어서 어떤 품종인지 알아봤지만 끝내 알 수 없었다. 아쉬운 마음에 감자 두 개를 남겨뒀다 우리 밭에 심었다. 그 두 개 감자에서도 싹이 올라왔다. 늦게 심은 편이라 잘 자랄지는 모르겠다.

그 이후로 또 산에 올랐는데 내려올 때 다시 부부네 가게에 들렀다. 주인아주머니께 "감자가 정말 맛있었어요. 품종이 뭐예요?"라고 물어보니 '나가사키 고가네|ながさき黃金, 나가사키현에서 개발한 감자 품종|'라고 알려줬다. '잉카의 메자메|インカのめざめ, 홋카이도산 감자 품종으로 속이 샛노란 게 특징|' 품종을 개량해 만든 것 같다. 집에 가서 알아보니 신품종이라고 한다. 내년 봄이 오면 나도 꼭 심어봐야지.

여름부터 채소는 거의 우리 밭에서 나는 것 위주로만 먹기로 마음먹었기에 밖에서는 거의 장을 안 봤다. 정말로 수확할 채소가 없거나 특별히 먹고 싶은 재료가 있을 때 혹은 우리 밭에서 키우지 않는 채소일 때만 가끔 샀다. 특히 감자는 '지금 키우고 있으니 직접 수확하면 먹어야지' 하는 생각에 꽤 오랫동안 먹지 않았다. 요전 날 맛있어 보이는 햇감자가 출하했을 때도 꾹 참았다.

대지마 감자 여덟 개는 좀처럼 자라지 않았다. 그중 하나는 잎끝이 노랗게 시든 게 이미 말라버린 것 같았다. 또 다른 하나도 시들시들해졌다. 두더지가 지나간 자리도 보인다. 충분히 자라지 않았지만 일단 캐보기로 했다. 우선 하나를 먼저 캐봤다. 누렇게 마른 줄기에 1센티미터 정도 되는 감자 하나가 붙어 있었다. 나머지도 전부 파냈다. 7센티미터 크기의 커다란 감자 두 개, 4센티미터 되는 작은 크기 감자 열세 개가 줄줄이 나왔다. 몇 개 안 되지만 동그란 감자가 땅에서 나올 때 정말 기뻤다.

나가사키 고가네 감자는 잎이 20센티미터 정도로 제법 크게 자랐지만 서리가 내린 이후라 이미 잎이 시들어 파내기로 했다. 큰 감자가 두 개, 작은 감자가 세 개 나왔다. 그런데 대지마도 나가사키 고가네도 큰 감자는 모두 속이 반투명한 상태여서 삶거나 구워도 식감이 서걱서걱하니 맛이 없었다.

가을 감자 품종 중 씨감자를 사서 심었다. 그런데 심은 위치가 그리 좋지는 않다.

감자 수확! 몇 개 수확하지 못했다.

병이라도 들었나? 감자에 문제가 생긴 것 같긴 한데 정확히 알 수는 없었다. 머지않아 알게 되겠지, 뭐.

　작은 크기 대지마 감자는 쪄서 감자샐러드로 만들어 먹으니 정말 맛있었다. 작은 크기 나가사키 고가네 감자는 유기농 채소 가게에서 먹은 것만큼 맛있지는 않았다. 역시 재배 조건이 다르면 어쩔 수 없는 일이다. 그래도 색이 노르스름한 게 햇감자와 닮았다. 맛있는 어미 감자를 심으면 어린 감자가 맺힌다. 이 일을 경험했다는 사실이 기쁘다.

수확한 고구마는 한동안 말린 뒤 종이로 싸서 상자에 담아 현관 앞에 보관했다. 추워지면 장작 난로에 넣어 군고구마로 만들 계획이어서 도통 먹을 기회가 없었다. 최근 그 상자를 열었더니 곰팡내가 훅 났다. '큰일이다! 썩었나?'

　거실에 시트를 펼쳐 전부 꺼낸 뒤 썩은 게 없나 살폈다. 작은 고구마 중 몇 개는 군데군데 쭈글쭈글했고 또 몇 개는 썩은 상태였다. 건조가 충분하지 않았던 모양이다. 충격이다. 그대로 펼쳐둔 채 당분간 상태를 지켜봐야겠다.

9월 25일에 수확한 고구마. 듬뿍 캐냈다.

수확한 고구마는 펼친 시트에 올려 말린다.

고구마가 잘 말랐을까?
작은 크기부터 큰 크기로 늘어놓고 검수!

토란은 햇토란 하나를 씨토란으로 남기고 나머지는 전부 먹었다. 포슬포슬하니 맛있었다.

12월 6일, 오늘까지 서리가 네다섯 번 내렸다. 첫서리가 내린 날 감자와 스위트 바질, 목화 잎이 바로 시들었다. 이 녀석들은 서리에 약한 모양이다. 아직은 뭘 먹을 수 있는지를 생각하며 저녁거리로 쓸 채소를 딴다. 상추, 경수채, 소송채, 지지미나는 아직 무사하다. 아! 경수채는 끝부분이 조금 하얗게 떴다. 조금 더 추워지면 못 먹을 수도 있겠다. 부직포를 덮어 놓으면 괜찮다고 하던데 우리 밭도 그래볼까? 그런데 이대로 두면 어떻게 될지 문득 궁금해졌다. 서리가 내리는 횟수가 채소들에 어떤 영향을 주려나?

봄에는 모든 채소에 벌레가 붙어 있어서 씻을 때도 전전긍긍했는데 지금은 거의 없어서 편하다. 흙만 씻어내면 된다. 그러고 보니 봄에는 그릇에 물을 넉넉히 붓고 채소를 담가 놓으면 아주 작은 달팽이가 새싹 위를 기어다니기도 했다.

오늘 딴 채소를 한 장씩 살피며 잎 밑동을 가위로 잘라 바구니에 담았다. 다 모아 보니 채소가 한 줌 정도 나왔다. 정말 적은 양이다. 작은 경수채 몇 줄기, 그보다 더 작은 상추 몇 장, 작은 소송채 몇 장, 지지미나 몇 장, 그리고 아주아주 작은 래디시 네 개… 이런 느낌이다. 아담한 채소 잎은 크기가 수 센티미터부터 10센티미터 안팎으로 다양했다.

오늘은 이 녀석들로 두유 전골을 만들어 먹으려 한다. 적은 양의 채소를 툭툭 따서 먹을 수 있는 저녁. 이런 게 텃밭의 고마움이다. 밖에서 사면 한 봉지에 들어 있는 재료 양이 혼자 먹기에 너무 많다. 채소 종류를 다양하게 사도 전부 먹기에 부담이 된다. 그런 무거움에서 벗어난 것만으로 텃밭 생활에 큰 가치를 느낀다.

내가 기른 채소만으로 생활하고 싶은 마음이 단지 게임처럼 재미있게 느껴져 시작한 생활. 그래서 요즘도 거의 채소를 사지 않고 있다. 당근은 우리 밭에서도 키우고 있어서 수확해서 먹을 때까지 기다리는 중이다. 밖에서 사고 싶지 않은 마음이 커서 두 달 정도 안 먹은 것 같다. 문제는 우리 밭 당근은 10센티미터 크기에서 성장이 멈춰 먹을 만한 크기로 영영 자라지 않을 수도 있다는 것.

양파는 내년에 수확할 예정인데도 늘 사야 할지 말아야

할지 망설인다. 그런데 양파는 카레 만들 때도 필요하고 오랫동안 보관할 수 있어서 요전에 마트에서 세 알만 샀다. 밖에서 채소를 살 때 느껴지는 묘한 패배감은 어쩔 수 없다. 감자는 사지 않고 끝끝내 참았다. 이 순간 집에 작긴 해도 대지마 감자가 있다는 사실이 마냥 기쁘다. 소중히 먹어야지.

올해 고구마는 너무 많이 키웠다. 내년에 심을 모종은 올해 절반인 열 개로 해야겠다. 다섯 개만 심어도 괜찮을 것 같고. 언젠가 기회가 된다면 다양한 품종을 길러 먹어보며 맛을 비교해 보고 싶다.

## 관심을 두고 꾸준히
## 알아가고 싶은 것

누에콩과 완두콩 싹이 순조롭게 올라왔다. 누에콩 씨는 열 개 중 세 개가 썩어서 일곱 개만 싹이 났다. 완두콩은 스냅 완두콩, 꼬투리 완두콩, 열매 완두콩 세 종류를 각각 다른 장소에 심었다. 작년 마당 펜스 쪽에 꼬투리 완두콩과 열매 완두콩을 심었는데 다 자라니 뭐가 뭔지 알 수 없어서 전부 '꼬투리 완두콩이다' 생각하며 먹었기 때문이다.

그 외에 상추도 싹이 났는데 2센티미터 정도로 매우 작다. 시금치는 5센티미터 상태로 잎사귀 끝이 누렇게 뜨기 시작했다. 서리가 내려 시든 것일지도 모르겠다. 빨리 따서 먹

12월 5일, 꼬투리 완두콩 싹이 났다. 오른쪽은 마늘.

서리를 맞고 시들어버린 목화나무. 목화가 필지 모르겠다.

어 치워야지.

목화나무 잎사귀는 씨앗 여러 개가 아몬드 모양으로 부풀어 오른 채 시들었다. 하얀 솜을 얻는 건 이제 무리일까.

▦

매일 아침 '섬의 자연농원' 영상을 보면서 일어나는 게 거의 일과다. 영상을 보고 있으면 갑자기 의욕이 샘솟아 '우리 밭 채소도 봐야지!' 생각하며 벌떡 일어나게 된다. 그런데 요즘 들어 날이 춥기도 하고 서리도 자주 내려서 '어차피 지금 가도 일은 못 할 거야' 핑계를 대며 서두르지 않는다.

자연농 선생님이 사는 섬으로 이사해 2월부터 자연농을 시작한다는 젊은 여성이 있다. 그녀는 채소 재배를 해본 적은 없지만 갑자기 모든 것을 결정해 행동으로 옮겼다고 한다. 그 창작자의 영상도 가끔 재미있게 보고 있다. 그녀는 모든 일에 정성을 다하고 마음을 쏟는다.

이를테면 사람들이 경작을 포기해 칡과 양미역취가 빽빽하게 나는 등 황폐해진 채 버려진 땅이 있었다. 칡덩굴은 울퉁불퉁한 나뭇가지처럼 주위를 뻗어 휘감고 있었다. 최근에 그녀는 그것을 고군분투하며 정리한 뒤 풀 사이사이에 조심스러운 마음을 담아 각종 씨앗을 뿌렸다고 한다. 모든 과정이 힘들었지만, 결과적으로 그 자리는 식물이 쑥쑥 자라나 낙원과 같은 텃밭이 되었다. 이 결과는 그녀의 솔직함, 밝음, 성실, 공손함, 끈기 덕분이라고 생각한다. 채소 색깔도 예쁘고 싱싱해서 맛있어 보인다.

그렇다. 모든 일이 세상을 대하는 자기 방식에 감응해 되돌아온다. 내가 베푼 것에 반응한다. 그리고 그에 맞는 답을 준다. 편지를 보내면 답장이 오는 것처럼. 마음에 정성을 가득 품으면 그것들이 돌아온다는 사실을 알았다.

그녀는 대나무로 버팀목을 세우는 힘든 작업도 웃으면서 열심히 했다. 그녀의 남은 생 앞에 아무리 어려운 일이 찾아온다 해도 걱정은 없다. 황무지를 밭으로 만들었던 그 경험대로 부딪혀 해결하면 될 일이다. '그때와 같은 마음가짐'으로 맞선다면 그녀답게 잘 넘어갈 수 있을 것이다. 우리 모두 그럴 수 있기를 바란다.

내 밭도 비록 채소 크기는 작지만 나에게 만족스러운 공간이 되어간다. 먹을 수 있는 것들이 이 밭에서 자라고 있다니 마법 같은 일이다. 직사각형 모양의 작은 텃밭은 보기에도 꼭 마법 양탄자 같다.

나는 여전히 다양한 채소를 기르는 방법을 알고 싶다. 저마다의 맛도 궁금하다. 이런 방법을 터득해 가는 데 보람을 느낀다. 수확한 채소가 적어도 만족하는 법을 배웠고 채소를 기르는 동안 다른 고민이 들어올 틈이 없다는 사실도 깨달았다. 자연의 깊이는 너무도 깊어서 끝이 없고 내 호기심은 아직 끝나지 않았다. 내가 선 자리는 이제 겨우 입구, 남은 세계를 탐험할 기대감이 여전히 내 안을 가득 채우고 있다. 관심을 두고 알아가고 싶은 게 있는 삶. 이것이야말로 인생에서 가장 행복한 일 아닐까?

▦

배추가 둥글게 결구|배추 따위의 채소 속 잎이 겹겹이, 둥글게 차는 것|하지 않는다. 버튼을 누른 것처럼 잎을 펼친 채 누워 있다. 원래도 배추를 결구시키는 일은 쉽지 않다고 들었다. 끈으로 둘레를 묶어주면 된다는 말도 있고.

우리 밭 배추는 지름이 20~25센티미터 정도라서 묶을 만큼 크지는 않았다. 근데 시간도 많고 해서 한번 묶어보려

배추가 동그랗게 자라도록 비닐로 감싸줬다가 나중에 그냥 벗겼다.

고 한다. 끈으로 묶는 건 어려울 것 같아서 폭이 넓은 분홍색 비닐 테이프를 펼쳐 리본처럼 둘러봤다. 일단 세 개만 감았다. 배추가 둥글게 속이 차든 그렇지 않든 언젠가 이 배추로 전골을 끓여 먹어야지.

텃밭 사진 일기

가을편

오크라는 완전히 기둥처럼 쭉 뻗었고 주변에는 가을 잡초가 무성하다.

목화나무 두 그루. 그 아래에 맛있게
먹은 이코마고원 감자를 심었다.

끝나가는 여름 채소 언저리에
겨울 채소 씨를 뿌린다!

땅콩이 우거진 곳 앞에 제초한 오크라 줄기를 쌓아뒀다.

먹을 수 있는 채소가 많이 줄었다. 왼쪽 아래로 멜로키아의 노란 꽃이 보인다.

소송채와 지지미나가 조금씩 자랐다.

10월 7일, 강아지풀이 한들거린다.

잎사귀가 햇빛을 받아 반짝반짝 빛난다. 녹색 동전처럼.

노란색 바람개비가 빙글빙글 돈다. 매일 팔랑팔랑.

마당에 있던 자귀나무를 밭으로 옮겨심었다. 잘 자라겠지?

아침 안개와 아침 이슬이 맺힌 아스파라거스 잎. 예쁘다.

매일 아침 밭을 둘러보는 것이 습관이 되었다. 물끄러미 혹은 멍하니 바라보기.

11월 16일, 잎채소가 쑥쑥 자란다.

쇠뜨기로 땅을 덮어줬다. 초록빛이 예쁘다.

5막

움츠리지 않는 겨울

## 강한 생명력은
## 계속된다

우리 밭은 도로와 맞닿아 있어서 가끔 사람들이 밭 옆으로 지나간다. 자주 보는 아주머니나 풀을 관리하는 아저씨, 산책하는 유치원 아이들… 종종 지나는 아주머니는 늘 내게 말을 걸곤 한다. 채소가 자라는 모습을 보는 게 흥미로운 모양이다. 풀을 관리하는 아저씨도 언젠가 서서 이야기를 나눌 때 "채소를 키우는군요"라고 말했다. 쓰레기 버리는 날 마주친 과자 가게 아저씨도 우리 밭을 알고 있었다.

생각보다 많은 이들이 내 밭에 관심을 보이는 것 같다. 그러고 보니 나도 지나가다 보이는 다른 사람 밭이나 마당의 꽃을 바깥 풍경 일부로 즐기며 바라볼 때가 있다. 이렇게 사람 사는 동네에 한 배경이자 부분으로 존재하는 것도 퍽 재미있는 일이다. 우리 밭도 올봄부터 동네의 퍼즐 한 조각처럼 배경에 포함되었다.

의식하지 못한 사이 사람들 눈을 즐겁게 하는 존재가 되었다면 그것은 뜻밖의 부산물이다. 여름에는 밭에 심은 꽃이 방해되어 길가 풀숲으로 옮겨심었는데 길가가 한결 예뻐 보였다. 그 꽃들은 이제 시들고 없지만 내년에는 집에서 꺾꽂이 한 체리세이지를 심으려 한다. 체리세이지는 다년초이고 예쁘기도 하니 더 좋지 않을까? 그러다 또 다른 꿈이 머릿속에서 펼쳐진다. '꽃을 더 늘려서 이제껏 풀만 가득했던 도로변 비탈길을 꽃밭처럼 만들어볼까?'

---

지긋지긋하다고 말하기에는 좀 지나친 감이 없지 않지만, 현재 우리 밭에서 가장 강한 생명체는 루콜라다. 생명력이 점점 왕성해지고 있다.

루콜라는 봄에 씨를 뿌리고 싹이 잔뜩 올라와서 밭의 빈

자리마다 조금씩 옮겨심었다. 같은 방식으로 심은 치커리도 번식력이 강해서 '잘 먹지도 않으면서 많이 심었다가 낭패를 겪네' 하고 후회했는데 지금은 쪽파와 루콜라까지 여기저기서 판을 치는 상황이다.

쪽파는 생김새가 여전히 비실비실 가늘고 약하다. 그러고 보니 파가 맛있다는 사실을 요즘에야 깨달았다. 마트 판매용 파는 세 뿌리 정도가 투명 비닐 안에 들어 있다. 대체로 물기가 없고 시들시들하다. 원래 맛이 좋은 파여도 수확하고 꽤 시간이 흘렀다면 어쩔 도리가 없다. 하지만 밭에서 막 뽑은 파는 촉촉하고 싱싱해서 구우면 파의 흰 뿌리 부분이 오독오독하니 달아진다.

다시 본론으로 돌아와 루콜라는 야생의 강한 생명력으로 살고 있다. 참깨와 같은 풍미가 있어서 샐러드에 조금 넣기만 할 뿐, 거의 먹을 일이 없는데도 무성히 자란다. 여기저기서 올라오는 루콜라는 포기마다 미묘한 차이가 있다. 잎에 털이 많이 난 것, 잘 자라지 않은 것, 잎 색이 진하거나 잎이 얇은 것, 잎맥 주름이 움푹 파인 것과 옅은 것 등등. '이게 진짜 루콜라라고?' 싶은 것도 있다.

오늘은 루콜라 잎을 따서 달걀과 볶았다. 루콜라 달걀

볶음. 맛있었다. 소송채 달걀 볶음에 자연의 맛이 더해진 느낌이랄까? 먹을 재료가 아무것도 없을 때 루콜라는 요긴한 반찬이 된다. 이를테면 부추 달걀 볶음처럼?

12월 중순이 되었다. 지금 밭에서 얻을 수 있는 채소는 무와 래디시, 잎채소뿐이다. 처음에는 무청도 버리지 않고 된장국에 넣거나 후리가케를 만드는 등 알차게 먹었는데 정말이지 너무도 많아서 그냥 잘게 썰어 말렸다. 3단 그물망에 넣어 건조하니 양이 훅 줄었다.

두더지는 여전히 날쌔게 활동하고 있다. 이랑을 가로지른 돔 형태의 봉긋한 흙 둔덕을 보고 있노라면 화를 참을 수 없다. 청대 완두의 새싹이 두더지 굴 위로 높이 솟아 있어서 주변 흙을 발로 밟아 다졌다. 작은 당근 밑에도 두더지 굴이 생겼다. 여기저기 거침없이 파고 있다.

오늘 아침 '섬의 자연농원' 영상에서는 돼지감자를 캤다. 심어놓으면 매년 수확할 수 있다고 한다. 나는 돼지감자를 좋아한다. 언제부터 좋아했는지 기억은 안 나지만 '돼지감자는 맛있다'는 감각이 남아 있다. 그래서 올가을에는 길가 휴게소에서 두 번이나 돼지감자를 사서 얇게 썰어 오븐에 구워 감자칩을 만들어 먹었다. 감자 형태가 울퉁불퉁해서 만드는 과정은 조금 귀찮다. 그러니 올해는 두 번으로 충분하다.

영상에서 본 바로는 캐낸 돼지감자를 그대로 흙에 묻으면 내년에 다시 싹이 난다고 한다. 그래서 곧장 길가 휴게소로 사러 갔다. 돼지감자가 있다! 한 봉지에 100엔. 세 명의 생산자가 납품 중이다. 나는 가장 많이 들어 있는 봉지로 골랐다. 반은 먹고 반은 심어야지. 너무 기대된다.

## 추우면 추운 대로, 적으면 적은 대로

아침마다 밭을 둘러본다. 요즘은 매일 아침, 두더지가 파놓은 구멍으로 밭 여기저기가 울퉁불퉁 뚫린 모습이다. 예전에는 이렇게 채소 바로 밑으로 지나가지 않았는데 래디시와 당근 밑 땅이 볼록 올라오고 있다. 엔다이브|꽃상추의 일종|와 경수채 새싹 아래도 볼록하다. 이러다 채소들이 전부 시들 것 같다. 밟을 수 있는 곳은 발로 꾹꾹 밟아 다져준다.

낮부터 날이 풀려서 여전히 작은 시금치와 당근을 솎아내기로 했다. 당근잎 오코노미야키를 만들어봐야지!

우선 당근을 뽑는다. 잎은 겨우 몇 센티미터 커봤자 십여 센티미터 정도라서 땅속 당근도 자라지 않았을 거라 여겼는데 조금이나마 길이가 나와 다행이다. 짧디짧은 당근이지만 잎은 오코노미야키 재료로, 당근은 그릴 팬에 구우려 한다.

시금치는 3~5센티미터 정도 크기다. 색이 점점 옅어지고 있어서 먹지 말고 이대로 버려야 하나 생각했지만 오늘은 시간이 있으니 작은 잎을 정성껏 솎아내 볶아 먹을 예정이다. 시금치는 한 번 수확할 때 찻잔 한 그릇 정도가 나온다. 마음을 다하면 꽤 맛있는 요리가 완성된다. 다만 그만큼 시간이 걸리기 때문에 여유가 있을 때라야 도전할 수 있다. 묵묵히 솎았더니 제법 먹을 만한 양이 나왔다.

부지 가장자리에는 돼지감자를 일곱 개 심었다. 어서 싹이 나오면 좋겠다.

그날 밤 당근잎과 무를 넣은 오코노미야키, 시금치 소테, 당근과 치킨 소테를 만들어 먹었다. 하나같이 다 맛있었다. 시금치는 작아도 뿌리의 붉은 부분이 달았고 당근에서도 감칠맛이 감돌았다. 당근잎은 무와 섞어 무떡 스타일의 오코노미야키로 만들어 먹었다. 당근잎 맛이 특별히 느껴지지는 않았다. 아마도 무, 달걀흰자, 크릴새우, 감자 전분 등 다른 재료가 들어갔기 때문이겠지.

당근을 솎아냈다.

당근 옆은 솎아낸 시금치.

왼쪽은 당근과 치킨 소테, 가운데는 시금치 소테, 오른쪽은 당근잎 오코노미야키.

아침에는 서리가 내렸지만 한낮은 포근해서 밭에 나갔다. 자질구레한 일을 처리하거나 이곳저곳 찬찬히 둘러본다. 종종 앞을 지나는 아주머니(헤어스타일이 바흐를 연상케 해 마음속으로 '바흐 씨'라 부른다)가 "갖가지 채소가 조금씩 있으니 재미있네요"라며 말을 건넨다.

작고 귀여운 시금치가 생각보다 맛있어서 난데없이 소중해졌다. 깻묵|기름을 짜고 남은 찌꺼기. 비료로도 활용한다|을 위에 뿌리고 물까지 뿌렸다. 당근에도 뿌려줬다. 양배추 잎에 배추벌레가 없는지 살피는 재미가 쏠쏠하다. 이제 배추벌레가 그다지 무섭지 않아서 잎 앞과 뒤를 꼼꼼히 살핀다. 작은 무를 하나 뽑는다. 무 겉잎 중 절반은 밭에 깔고 나머지 절반은 먹기 위해

상추는 겉에서부터 한 장씩 뜯는다.

챙긴다.

9월에는 상추씨를 세 봉지 뿌렸다. 청상추가 가장 많은 싹을 틔웠고 잘 자란다. 적상추는 한 봉지를 뿌렸는데, 단 한 포기만 자랐다. 점무늬가 있는 상추는 결국 하나도 자라지 않았다.

작은 청상추 잎을 한 장씩 떼어낸다. 경수채나 소송채에 달린 작은 잎도 한 장씩 떼어먹는다. 잎은 계속 자란다. 따사로운 햇살 아래 모인 갖은 채소를 바라보며 이 모든 것을 먹을 수 있음에 다시 한번 감사함을 느끼는 겨울이다.

매일 아침 일어나 가장 먼저 밭으로 간다. 언제나처럼 밭 전체를 둘러본다. 요즘은 하루가 멀다고 새로운 두더지 굴이 발견된다. '아… 오늘은 여기를 지나갔구나.' 밟을 수 있는 곳은 발로 꾹꾹 밟아 땅을 다진다. 채소 잎으로 가득해 밟기 어려운 곳은 발로 밟지 않고 손으로 꾹꾹 눌러준다.

두더지가 어디를 지나든 어쩔 수 없다. 아침마다 그가 지나간 길을 마주할 운명인 거다. 채소들도 마찬가지다. 두더지

굴 위에서 살아남는 녀석도, 약해지는 녀석도 있을 수 있다. 두더지, 채소, 나. 우리는 각자의 길을 갈 뿐이다.

12월 22일, 오늘은 동지. 일 년 중 가장 낮이 짧은 날이다. 날이 점점 추워지면서 거의 아침마다 서리가 내린다. 그리고 두더지 굴도 매일 생긴다. 오늘은 시금치와 지지미나 밑을 파며 지나갔다. 할 수 있는 범위를 발로 꾹꾹 밟는다.

'섬의 자연농원' 선생님이 고들빼기가 맛있다고 몇 번이나 말해서 나도 씨앗을 뿌려봤다. 그 잎이 조금 커졌다. 갓(다카나)은 장아찌로만 담그는 줄 알았는데 선생님이 기름에 볶아 맛있게 먹는 모습을 본 뒤로 다양한 요리가 가능하다는 걸 알았다. 고들빼기 잎도 세 장 정도 떼어내 기름에 볶아 먹어보려 한다. 조심스럽게 따서 세세히 씻고 잘라 달달 볶았다. '시식이 맛있는 이유'와 마찬가지일까, 정말 맛있게 먹었다.

저녁 재료는 배추로 정했다. 크기가 워낙 작아서 겹겹이 포개지며 속이 차는 건 어려우리라 판단했다. 잎 길이는 15센티미터 정도다. 당근도 배추도 잘 자라지 않는 걸 보면 농작물을 길러낼 만큼 땅 힘이 좋지 않은 모양이다. 배춧잎을 조금 떼서 먹어봤다. 우리 배추는 흔히 볼 수 있는 하얗고 부드러운 줄기 부분이 없다. 대신 짙은 초록 잎을 대충 뜯어서 소금 넣은 물에 데쳐서 맛보았다. 나름 맛있었다.

나 혼자만 먹는 우리 밭 채소, 매일 조금씩만 먹어도 충분하다. 앞으로도 계속 이렇게 조금씩 찾아 먹는 나날이 이어지겠지. 그런데! 설날에 아들이 집에 온다고 한다. 평소 수확하던 양을 줄이고 최대한 많은 채소를 남겨둬야겠다. 이제부터 조절이 필요하다.

무는 남겨두자. 쇼고인 래디시|일본에서 가장 큰 래디시 품종으로 교토에서 재배된다|도 남겨야 한다. 초소형 당근이 조금이라도 자라면 좋으련만⋯ 작디작은 시금치도 살아남으면 좋겠다. 하지만 매일 서리가 내리고 두더지도 유난히 활발하게 활동하는 요즘이다. 그때까지 얼마나 많은 채소가 남아 있을지⋯ 그저 바라만 볼 뿐이라 마음이 조마조마하다.

남은 채소가 적으면 적을수록 조심스럽게 수확해 집중해 요리한다. 재료가 귀한 만큼 더 맛있게 느껴진다. 넓어도 얕을 수 있고 좁아도 깊을 수 있다. 그 법칙을 알면 적은 양의 요리 생활이 더없이 행복하다.

매서운 아침 추위가 나날이 계속된다. 그래도 매일 아침 밭을 둘러보는 게 내 일과라서 아침에 눈을 뜨면 일단 나가고 본다. 오늘도 두더지가 굴을 만들었다. 이랑과 이랑 사이 단단한 땅 부분을 가로지르며 L자 모양으로 예쁘게도 파헤쳤다. 이렇게 딱딱한 곳까지 파다니, 정말 대단하다. 오늘도 발로 꾹꾹 밟아 땅을 단단하게 한다.

채소의 성장이 더디다 못해 딱 멈춰버린 느낌이다. 언제까지 밭에서 난 채소를 먹을 수 있을까? 더 추워지기 전에 지금 빨리 먹는 게 좋을지, 이대로 놔둬야 할지 고민이다. 뭐, 올해는 지켜보고 결과에 맞춰 내년 일을 정하자. 우선은 지금 이대로 두자.

내일은 섣달그믐이다. 지난 주말에 한파가 오면서 날은 몹시 추워졌다. 밭에는 서리가 새하얗게 내리는 날, 춥지만 서리는 내리지 않은 날이 반복되었다. 오늘은 흐려서 그런지 쌀쌀하다.

매일 아침 제일 먼저 두더지가 파놓은 길을 살핀다.
이날은 밭이랑을 L자 형태로 지나갔다.

밭에 가니 이제 거의 모든 채소가 성장을 멈춘 듯했다. 상추도 한층 쪼그라든 느낌이다. 한참을 바라보다가 집으로 돌아왔다. 난로 앞 둥근 나무 테이블에 앉아서 아침밥을 먹다가 생각했다. '저 창문 너머로 우리 밭이 있구나.'

창문 밖 길 건너편 밭에서 자라고 있는 나의 작은 채소들… 그 모습을 마음속으로 그려보니 뿌리가 땅 위로 퍼지고 또 그 땅이 이 자리까지 이어져 마침내 나에게 닿은 듯한 기분이 들었다.

저기에 채소가 있다. 크기는 작아도 먹을 것이 있다. 먹을 만한 부분을 골라 모으면 요리도 할 수 있다. 살아 숨 쉬는 나만의 식량 창고. 거기서 오는 신기함, 고마움, 재미, 평온함, 안도감이 있다. 다른 사람이 볼 때는 콩알만 할지라도 내게는 엄청나게 많은 양이다. 그런 느낌을 강하게 받은 아침.

우리 밭 채소 뿌리는
내 마음과 이어져 있다.

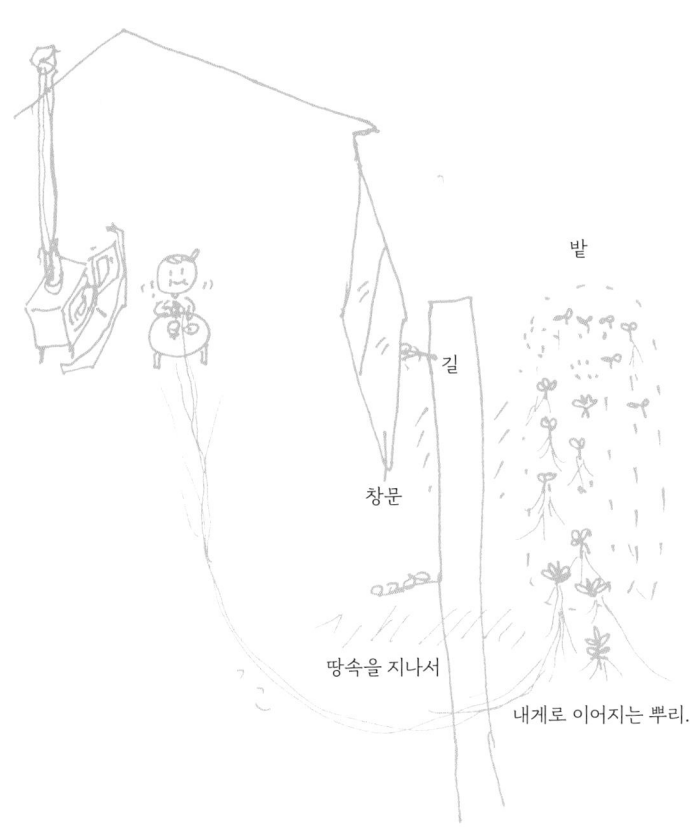

## 텃밭 생활로 바뀐 음식과 나의 관계

1월의 우리 밭 채소는 작고 초라해 보였다. 매일 아침 둘러보러 갈 때마다 먼저 두더지 굴을 밟는다. 서리가 내려도 태양이 비치면 금세 원래대로 돌아온다. 앞으로 자랄 완두콩과 풋콩은 잎이 보드라워 보이는데도 좀처럼 시들지 않는다.

작은 소송채와 지지미나를 먹을 만큼 따서 먹었다. 얼마 전에는 두 종류의 배추와 소송채 잎을 몇 장씩 떼어내 요리해 먹었다. 이제는 맛이 어떤지를 떠나서 그저 먹을 수 있다는 것 자체에 기쁨을 느낀다. 이 신기한 감각은 여전히 익숙해지지 않는다.

두 종류의 배추와 지지미나 잎.

이것들을 볶아서 일본식 함박스테이크 위에 얹었다.

거듭 말하자면 우리 밭은 폭 4×13미터다. 지금은 폭이 조금 넓어져서 5미터를 좀 넘을지도 모르겠다. 봄부터 겨울까지 이 밭에서 다양한 채소를 키우며 든 생각이 있다. 농작물 중에는 심어놓고 그다지 관리하지 않아도 잎이 쑥쑥 자라는 녀석들이 있다는 것. 예를 들면 고구마, 땅콩, 토란, 호박 등. 그런데 이 녀석들은 좁은 밭에 있으면 잎이 무성해져 다른 농작물의 성장을 방해한다. 손이 많이 가지 않으니 다른 데 심는 게 나으려나.

우리 밭에서 3분 정도 걸어가면 아무것도 심지 않아 풀만 무성하게 자란 땅이 있다. 가끔 오빠가 풀을 베고 가꾸는 땅이다. 거기가 안성맞춤이지 않을까? 밭의 삼면은 민가로 둘러싸였고 토지는 1미터 두께가 흙으로 채워져 있다. 밭 안쪽에는 새가 떨어뜨린 씨앗이 자란 듯한 나무가 한 그루 있는데 그곳에 검은 개 한 마리가 쇠사슬에 묶여 있다.

올가을 밭에 깔 풀이 없을 때 가장 먼저 그곳을 떠올렸다. 아직 푸릇푸릇한 풀이 자라고 있는 게 기억이 나 풀을 베러 갔다. 바구니를 들고 성큼성큼 걸어가는데 검은 개가 나를 쳐다봤다. '안녕.' 마음속으로 인사한 뒤 가만히 풀을 베었다. 처음에는 멍멍거리며 짖어댔지만 이내 조용해졌다. 머지않아 얌전하게 엎드린 채 나를 계속 응시했다.

풀을 베면서 주변을 둘러봤다. '역시, 여기가 딱 좋다. 이곳에 심어야지.' 어느 날 오빠에게 그 얘기를 꺼냈더니 부지 앞은 물건을 놓을 수도 있어서 뒤쪽이 좋겠다며 떨떠름한 듯 답했다. '그럼 그냥 시험 삼아 심어볼 수 있게 해달라고 부탁해야지.'

해서 지금은 아직 풀만 자라고 있는 그 땅에 이랑도 세우지 않고 돼지감자를 먼저 심어봤다. 흙이 보드랍다. 두더지 구멍이 우리 밭보다 더 거침없이 뚫릴 것 같다. 풀 틈새에 모종삽을 꽂아 그 부드러운 흙을 살짝 파낸 뒤 구멍에 돼지감

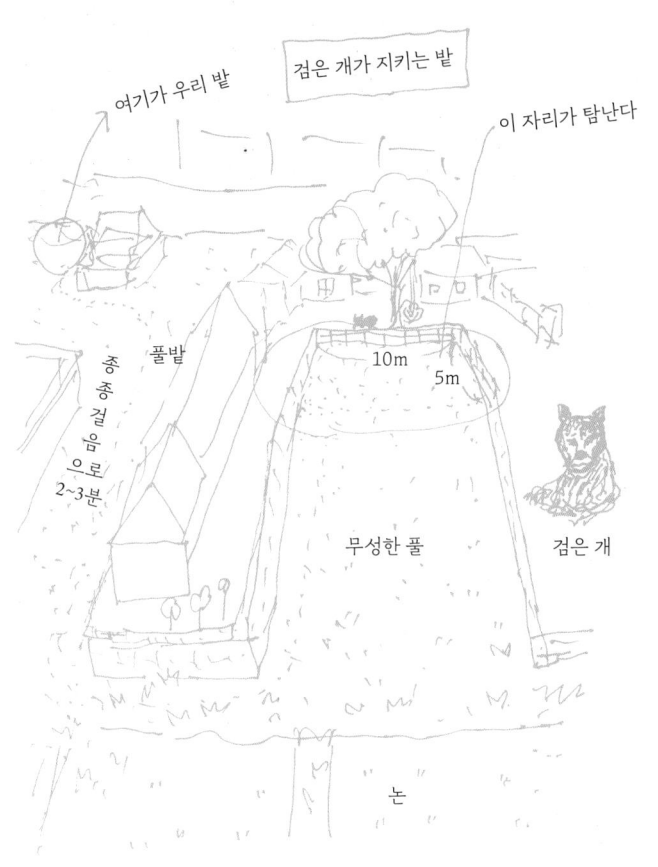

검은 개가 지키는 밭. 돼지감자를 심은 자리에 표식으로 막대기를 꽂았다.

검은 개. 여전히 내 쪽을 바라보고 있다.

자를 떨어뜨렸다. 그리고 발로 꾹꾹 밟아 다졌다. 이대로 가면 어디에 심었는지 알 수 없을 것 같아서 막대기를 꽂아 표시했다. 개가 다시 내 쪽을 바라본다. 여기를 '검은 개가 지키는 밭'이라 부르기로 했다.

지난여름 '이제부터 우리 밭에서 난 채소만으로 생활해 볼까?' 불현듯 생각했지만 그걸 실행하기까지 꽤 많은 용기와 결단이 필요했다. 식생활에 너무 큰 변화가 올 것만 같아서였다. 이전까지는 '오늘 뭘 먹을까?' 생각하면 내가 아는 모든 메뉴 중 고르기만 하면 되었다. 가지와 다진 고기를 넣은 카레라든가 토마토 스파게티라든가, 무와 돼지고기를 넣은 샤부샤부 등등 생각나는 메뉴 중 자유롭게 골랐다. 그리고 마트에 가면 어떤 재료든 다 있었다. 계절이나 제철을 떠나 뭐든지, 없는 게 없었다.

밭에서 난 채소만으로 요리하면 메뉴를 고민할 수는 없다. 지금 당장 뭘 먹을 수 있는지 밭을 보고 판단한다. 거기 있는 작물로 만들 수 있는 메뉴를 먹어야 한다. 그 변화는 생각보다 큰 부분이라 용기가 필요했다.

이제 더는 겨울에 토마토 가지 스파게티를 먹을 수 없다. 여름에 무를 넣은 샤부샤부를 만드는 건 무리다. 이 모든 걸 내가 과연 견딜 수 있을지 심사숙고했다. 그래도 결론은 내 마음이 그렇게 하길 원했다. 도전해 보고 싶다는 쪽으로 생각이 기울었고 결국 결심했다. 그렇게 5개월이 지난 지금, 밭에서 난 채소만으로 생활하고 있다. 우엉, 버섯류, 희귀한 채소 등 우리 밭에서 나지 않는 재료들만 아주 가끔 산다.

하지만 밭에는 있어도 아직 볼품없이 작은, 앞으로도 더 자랄지 알 수 없는 녀석들도 있다. 대표적으로 당근, 배추, 쑥갓. 그렇다고 그 재료를 밖에서 사 와서 먹고 싶지는 않다. 감자도 마찬가지다. 올해는 비록 많이 수확하지 못했지만 내년에는 더 많이 키울 예정이니 당장은 사지 않으려 한다. 소송채, 지지미나, 다채 같은 잎채소도 여전히 자잘하지만 따서 모으면 나 혼자 먹기에는 충분하다. 그 작은 것들을 따서 먹는 재미가 있다. 요리하기 전에 밭에 나가 잎채소나 래디시를 먹을 만큼 따 오면 굽거나 삶아서 먹는다.

더는 메뉴를 고민하지 않는다. 여기에 없는 것을 굳이 먹고 싶지도 않다. 우리 밭에 없는 재료를 먹는 게 오히려 거북

1월 3일 수확한 녀석들.
당근, 래디시, 시금치, 상추, 경수채, 갓.

소금, 후추를 뿌려 시금치 소테를
만들었다. 잎이 작아도 맛은 깊다.

자른 당근과 래디시.

채소 샐러드. 갖은 채소를 소금, 후추,
아마씨오일로 무쳤다.

하게 느껴진달까. 나는 밭에서 난 재료로 음식을 만들어 먹는 데 만족하고 있다. 불만이나 스트레스는 딱히 없다. 요리할 때마다 되려 '행복하다' 생각한다. 그 점이 놀라웠다. 가끔 외식도 하고 과자도 사 먹는데 그때는 또 그 순간을 즐긴다. 가끔이라 그런지 진짜로 맛있기도 하고.

나와 음식의 관계성이 크게 바뀌었다. 지금보다 시간이 더 쌓이면 이 마음을 더 정확히 표현할 수 있겠지?

## 씨앗 정리

씨앗 봉지를 정리했다. 흙으로 뒤덮여 지저분해진 표면을 깨끗이 닦고 종류별로 나눴다. 세어보니 예순다섯 개나 되었다. 시험 삼아 다양한 채소를 심어보고 싶다는 마음에 잔뜩 산 탓이다. 그래 놓고 늘 적은 양만 뿌려서 씨가 많이 남았다. 씨앗에도 수명이 있어서 언제까지 싹이 날지는 모르겠다.

봄에 뿌릴 여름 채소 씨앗도 주문했다. 가지, 토마토, 피망 등등. 봄부터 지금까지 텃밭을 가꿔 오면서 씨앗과 모종에 대해 생각한 게 있다. 처음에는 밭에 직접 씨를 뿌렸었다. 그 뒤로는 홈센터에서 가끔 모종을 사 왔고 모판에 씨를 심고 육묘에 도전하기도 했다. 생각처럼 잘 되지는 않았다.

홈센터에서 사 온 모종은 크고 튼튼해 보였지만 심고 나면 바로 벌레가 생기거나 동물의 습격을 받았고 자라고 나면 급격히 쇠약해졌다. 직접 씨를 뿌린 채소는 어딘가 달랐다. 처음에는 매우 작았고, 자란다 해도 한동안은 몇 센티미터를 겨우 유지하며 좀처럼 변화를 보이지 않았다. 그런데 어느 시기를 지나면 훅훅 자라서 여름, 가을 계절이 바뀌는 동안 오히려 튼튼히 열매를 맺었다. 그런 과정을 지켜보며 '역시 씨앗부터 키워야겠다' 하고 느꼈다. 올해는 가능하다면 육묘에도 힘을 쓰고 싶다.

산 모종과 직접 키운 모종은 이렇게나 다르다. '근본이 다르다'는 말도 이제는 어렴풋이 이해가 간다. 씨앗도 그렇다. 홈센터에서 파는 씨앗은 자연농하는 분들 이야기에 자주 등장하는 '노구치 종묘野口種苗'나 '씨앗의 숲たねの森'에서 파는 씨앗들과 묘하게 다르다. 일전에 홈센터에서 파는 화려한 이름의 래디시 품종 씨앗을 사 와 밭에 뿌린 적이 있다. 내가 키운 것치고 예쁜 래디시 열매가 맺었는데 어딘가가 부자연스러웠다. 주변 채소들은 간신히 잎을 키우고 있는데 이 녀석만 튼튼한 잎에 큰 열매를 맺어 돋보였다. 그 예쁨이 꼭 내 것이 아닌 느낌이었다.

내가 키운 무나 래디시, 길가 휴게소에 진열된 거대한 무나 래디시의 차이도 알 수 있었다. 가게에서 파는 크고 예쁜 래디시를 몇 번 사서 먹어본 적이 있다. 크고 멋진 외형과 달리 맛은 희미하게(?) 느껴진다. 그 뒤로는 그 멋진 래디시를 살 마음이 생기지 않았다.

앞으로 가능하다면 씨앗 채취도 해보고 싶다. 올해는 수확한 채소를 먹는 것만으로도 벅차서 씨앗까지 살필 여유가 없었다. 어쩌다 보니 시기가 지나서 절로 씨앗을 받게 된 것도 있다. 강낭콩이나 풋콩이 그랬다. 잎사귀 그늘에 가려진 줄 모르고 있다가 가을이 되어서야 바짝 마른 콩을 발견했다. 그 안에 든 씨앗을 채취해 보관해 뒀다. 올해는 그걸 꼭 심어봐야지.

육묘, 씨앗 받기, 새로운 채소 재배 등 아직 해야 할 일이 많다. 육묘는 아직까지도 어렵다. 다방면으로 시도해 봤지만 모두 실패했다. 싹이 나지 않거나 싹이 나더라도 금방 시들었다. 분명 실패한 원인이 있을 텐데 지금은 전혀 알 길이 없다. '그렇구나!' 하며 무릎을 '탁' 칠 만큼 놀라운 발견이 기다리고 있다고, 그렇게 생각하려 한다.

차고에 둔 육묘 모판으로 모종 만들기. 싹이 나기도, 안 나기도 했다.

그동안 다양한 채소 재배에 도전했다. 전혀 자라지 않는 작물도 있다는 게 재미있다.

나는 여전히 모르는 것투성이. 그 사실이 너무 기쁘다. 알고 싶은데 모르는 게 많은 상태, 그것이야말로 생에 보물 같은 게 아닐까? 다시 한번 정리해 본다. '지금은 잘 모르지만 앞으로 알아가고 싶다는 생각이 강하게 드는 것.' 내게 보물이란 그런 것이다. 돈으로 살 수 있는 건 절대로 소중한 보물이 될 수 없다.

1월 하순이다. 밭에는 딱히 변화가 없다. 채소는 여전히 작은 채로 있다. 바구니를 한 손에 들고 밭에 가서 5~7센티미터의 잎채소, 소송채, 지지미나, 다채, 가쓰오나, 청경채, 배추 등을 따 와 요리 재료로 쓴다. 미니 잎채소를 한데 모아 삶거나 구워서 먹는다. 보기에도 아기자기하다.

이랑 사이 통로가 너무 좁아서 이제라도 통로를 넓히는 작업을 하고 싶다. 봄이 되면 바빠질 테니 늦기 전에 넓혀둬야지. 검은 개가 지키는 밭에도 작은 밭이랑을 만들어야 할 텐데. 이런저런 생각을 하다 보니 하루가 금방 지나간다.

## 추운 겨울의
## 완벽한 맛

2월이 되어 주위를 둘러본다. 수선화도 피고 매화꽃도 피어 봄이 성큼 다가오고 있음을 느낀다. 여전히 나는 밭에서 먹을 수 있는 것들을 수확해서 먹는다. 오늘은 크림 스튜를 만들려고 다채와 조생양파를 수확했다.

조생양파는 작년 가을에 홈센터에서 샀다. 작은 양파를 심으면 두 달 뒤 당연히 먹게 될 줄 알았다. 그런데 몇 달이 지나도 커지지 않아서 며칠 전 두 개 정도만 캐보았다. 거의 자라지 않았다. 뭐가 문제였을까?

작은 양파라고 해야 할지, 어쨌든 굵은 대파 뿌리 정도 되는 이 양파를 반으로 갈라 구웠다. 아주 달고 맛있었다. 그렇다. 아무리 크기가 작아도 맛은 음미할 수 있다. 그 깊이는 경험할 수 있다. 그래서 남은 조생양파를 오늘 전부 캐내기로 했다. 참고로 씨를 뿌린 양파는 거의 자라지 않았다. 5센티미터 크기로 몇 개 맺혔을 뿐이다. 50엔짜리 할인 판매로 산 양파 모종도 실패했다.

다채 가운데 부분을 들여다보니 작은 꽃봉오리가 생겼다. '와! 이대로 두면 꽃봉오리가 나오는구나!' 꽃봉오리도 맛있다고들 하지만 지금은 잎이 더 먹고 싶어 땅 위로 올라온 다채를 잘라냈다. 날이 따뜻해지면서 잎채소의 꽃대도 자라기 시작했다.

언젠가 가지와 잎 옆에 지지대를 세워 묶어서 작물을 심는 수직 재배(도법식) 방식에 대해 들은 적이 있다. 알고 나니 해보고 싶어져서 무, 래디시 등 몇몇 채소와 레몬나무를 그 방식으로 묶어봤다. 식물호르몬이 관여해 잘 자라는 거라고 한다. 한동안 그대로 두었는데 모습이 왠지 모르게 갑갑해 보였다. 결국 무와 래디시를 동여매고 있던 끈을 풀었다. 그래도 올봄에는 애호박을 수직으로 세워 키워보고 싶다. 그래야 잎이 열매의 성장을 방해하지 않을 것 같다.

조생양파 | 보통 양파보다 빨리 성숙해 수확이 빠른 종 | . 크기는 작지만 일단 캐봤다.

깨끗이 씻으니 하얀 부분이 반질반질하다.

매일 비슷비슷한 채소를 수확해,

샐러드를 만든다. 오늘은 크림 스튜도 끓였다.

수시로 잎을 뜯어 먹어서 그런지 무성하게 자라는 잎채소가 이제는 거의 없다. 밭의 채소를 바라보다 새삼 깨달았다. 보통 바깥쪽부터 잎을 뜯어내니 채소들이 하나같이 가운데 부분만 봉긋 솟아 있다. '뭔가 닮았는데… 뭐더라?'

생각났다! 선술집 문어다. 오래전 동네 선술집에 몇 번 갔을 때 문어회 메뉴가 있길래 주문했다. 질겅질겅 맛있게 먹고 가게를 나오면서 수조를 봤는데 다리 하나가 잘려 나간 문어가 헤엄치고 있었다. 아마 내가 씹은 부분이 문어 다리일지도.

며칠 후 다시 그 선술집에 갔다. 그리고 또 문어회를 먹었다. 집에 가는 길에 수조를 보니 다리 수가 더 줄어든 문어가 여전히 헤엄치고 있다. '문어 다리가 점점 줄어드는구나.' 밭 채소를 보고 그때 그 문어가 떠올랐다.

그래도 매일 신선한 채소를 먹을 만큼 조금씩 수확할 수 있다는 건 감사한 일이다. 양배추도 더디지만 점점 자라고 있다. 물론 색은 초록색과 짙은 보라색 중간으로 그리 예쁘지는 않다. 봄에 파종했던 양배추는 크기도 작고 벌레가 잔뜩

선술집 문어 상태가 된 소송채.

갉아 먹어서 상태가 영 별로였다. 그것과 비교하면 지금은 보는 것만으로도 기쁘다.

    어느 날 야키소바를 만들려고 양배추 잎 세 장과 대파, 케일을 조금씩 뜯었다. 양배추는 아직 속이 덜 차서 바깥쪽과 안쪽 사이에 있는 잎을 땄다. 양배추 심을 얇게 썰어 맛보니 꽤 달큼했다. 프라이팬에 볶았더니 선명한 초록색으로 변했다. 와, 우리 집 양배추 너무 예쁘다! 완벽한 맛이다!

야키소바용 채소 세트, 수확 완료!

볶은 채소 잎이 푸릇푸릇해서 보기 좋다.

마늘과 양파가 비실비실한 게 영 힘이 없다. 마늘잎은 끝이 갈색으로 변했다. 50엔에 산 양파는 땅 위로 3센티미터 자란 부분만 초록빛을 띤다. 재거름을 뿌리면 효과가 있다고 해서 장작 난로 속 재를 퍼서 뿌려봤다.

양파는 무엇보다 풀의 기세에 눌린 상태였다. '아무래도 제초를 해줘야겠다.' 풀을 뽑은 뒤 다시 재를 뿌렸더니 어느 정도 활기를 되찾은 것도 같다. 맞다. 마음으로, 행동으로 애정을 쏟지 않으면 생명이 깃든 것들은 잘 자라지 않는다. 잠시 잊고 있었다. 이참에 양파 주변에 난 풀도 정리해야겠다.

작년 가을에 심은 조생양파를 전부 볶아서 먹었다. 달콤한 맛이 아주 일품이다. '와, 조생양파가 이 정도면 제대로 수확한 양파는 얼마나 더 맛있다는 거야?' 감탄사가 절로 나오는 맛이었다.

어떻게 보면 궁극의 맛은 작디작은 채소를 바보처럼 열심히 모으고 온갖 정성을 다 쏟아 요리해 맛보기 때문에 느껴지는 건지도 모른다. 아무렴 어떤가. 이렇게나 맛있는데.

내가 좋은 게 가장 좋은 거다. 남의 말을 신경 쓰지 않으면 인생은 아주 평온하다. 남의 말에 귀 기울이지 않으면 인생은 행복 그 자체다.

## 텃밭을 정비하는 2월

이랑을 너무 좁게 만들어서 겨울 동안 고치기로 했다. 40센티미터 폭이 걷기 편하다고 하는데 우리 밭이랑은 25센티미터밖에 안 된다. 그렇지 않아도 북쪽 밭이랑 사이는 유난히 좁아서 걷기 힘들었는데 주변에 잡초가 자라고 곳곳에 채소까지 심어놓으니 정말이지 지나다닐 때마다 불편했다.

2월 중에서도 오늘처럼 그리 춥지 않은 날, 그 일을 해결해야겠다. 삽과 괭이를 들고 밭으로 간다. 삽으로 땅을 파고 흙을 파헤친다. 풀이 무성하다. 이름 모를 채소 뿌리도 가득하다. 이것들을 덩어리째 퍼 올린다.

땀이 난다. 하지만 이랑 사이가 넓어져서 기분이 좋다. 기쁜 마음에 몇 번이나 밭 둘레를 빙글빙글 돌았다. 마당 낙엽을 모아서 이랑 사이에 깔아주면 끝이다! 이제야 다니기 편해졌다.

 이참에 밭이랑 한가운데에 서 있던 올리브나무도 계단 아래로 옮겨심었다. 밭 중앙에 올리브나무가 있으면 멋있을 것 같았는데 그러다 밭에 그늘이라도 지면 곤란하다. 나무가 더 커질 수도 있으니 역시 옮기는 게 좋겠다.

 계단으로 만든 풀밭 비탈길은 얼마 전 녹색 지지대로 찔

밭이랑이 너무 좁아서 넓혔다. 오른쪽 부분 먼저.

러 넣었다가 1미터 깊이까지 쑥 들어가서 깜짝 놀랐다. 안에는 어떤 구조로 되어 있으려나.

이어서 퇴비도 만들었다. 쌀겨와 깻묵, 왕겨로 만든 훈탄, 밭용 흙과 부엽토에 희석한 EM 발효액을 부어 잘 섞는다. 여기에 뜨거운 물을 담은 페트병을 넣고 전체를 시트로 감싸준다. 내용물이 잘 발효해 온도가 올라가면 좋겠다.

　　　　　　　　　　▪

가을 감자는 잘되지 않았다. 다가올 봄 감자는 성공적으로 수확하고 싶어서 홈센터에서 씨감자를 몇 개 사 왔다. 씨감자 두 개씩을 소분해 파는 게 있어서 붉은 감자와 이름 모를 감자 몇 가지를 시험 삼아 심어보려 한다.

'나가사키 고가네' 품종도 인터넷으로 두 군데에서 주문했다. 맛을 보니 작년에 먹은 나가사키 고가네가 훨씬 맛있었다. 노란빛도 저마다 달랐다. 역시 똑같을 수는 없는 모양이다. 이코마고원 부부가 키운 채소는 특히 더 맛이 좋다. 주말이면 셰프들이 찾아와 이 재료들로 자유롭게 요리를 만들곤 한다지? 그만큼 귀하고 맛있는 채소들이다. 5월이 되면 또 사러 가야겠다. 어쨌든 인터넷으로 산 나가사키 고가네 품종도 심어봐야지.

며칠 전 마련해 둔 발효 퇴비는 온도가 전혀 오르지 않는다. 발효가 미숙한 모양이다. 페트병 물을 세 번이나 갈아줬는데도 그렇다. 원인을 알 수 없어 답답하다. 재료 분량을 대강대강 잡아서 그런가? 괜히 벌크 퇴비를 뿌렸나 싶다. 속상하다. 이대로 발효하지 않으면 이 비료를 다 어떡하면 좋지? 일반 퇴비처럼 사용할 수 있을까? 날씨가 풀리면 햇볕을 쬐어주며 어떻게 할지 생각해 봐야겠다.

---

이랑 이곳저곳에 옮겨심은 루콜라가 대부분 뿌리를 내리고 다른 채소에 벌레가 들끓는 동안에도 이 녀석만은 쑥쑥 자랄 때, 얄밉다고 생각했던 예전의 나를 반성한다. 채소가 부족한 지금 루콜라는 최후의 재산이다.

작지만 푸릇푸릇하게 자라는 이 루콜라는 아무리 뜯어도 항상 새로운 잎을 내민다. 썩 좋아하는 채소는 아니지만 수확할 게 없을 때 잎을 따서 달걀과 볶으면 훌륭한 반찬이

먹을 게 없을 때 더없이 소중한 루콜라.　　　　달걀 요리와도 잘 어울린다.

된다. 나의 소중한 조력자, 루콜라. 지금은 여기저기 흩어져 있어 불편하니 봄이 오면 한곳에 모아 심어야겠다. 올봄에는 밭에 루콜라 나라를 만들어주려 한다.

2월 하순이 되니 먹을 수 있는 채소가 더 적어졌다. 꽃대가 올라온 잎채소를 세 개 정도 따서 먹었는데 그러고 나면 또 먹을 채소가 줄어든다.

지금은 봄 양배추가 가장 크다. 우리 밭에는 일고여덟 개 정도가 있다. 양배추 속 잎을 따서 먹어보니 색도 선명하고 맛도 깊었다. 그래도 너무 많이 따면 안 될 것 같아서 꾹꾹 참는다. 양배추마저 비약한 문어 상태가 되면 안 되니까. 잎채소는 눈 깜짝할 새에 선술집 문어 상태가 된다.

줄기 브로콜리도 작지만 앙증맞게 자랐다. 가운데 부분에 작은 꽃봉오리가 생겼다. 양파는 아직 5센티미터 정도로 더 자라지 않을지도 모른다. 얼마 전 수확한 3센티미터 크기 조생양파처럼 달콤하고 맛있는 양파를 수확할 수 있다면 정말이지 키운 보람이 느껴질 것 같다. 내년에는 열심히 해봐야지. 마늘은 그럭저럭 자라고 있다. 원래도 구근 자체가 작고 상태가 좋지 않았던 터라 크게 기대는 하지 않는다. 내년에는 마늘도 좋은 구근을 골라 심어야지.

엄청 작은 브로콜리가 있네?!

텃밭 사진 일기

겨울 편

오늘 수확한 소송채, 경수채 등등.

수확한 재료로 만든 저녁 식사.

알맹이가 다 떨어진 래디시와
보라색 순무.

무와 래디시 등을 섞어 피클을 담갔다.

시금치 씨를 뿌린 자리. 자란 잎을 솎아서 먹는다.

상추씨를 뿌렸는데 거의 자라지 않았다.

12월 28일. 꽤 많은 서리가 내렸다. 꼭 벨벳 같네!

6평 밭이 새하얗다. 땅 위는 꽁꽁.

1월 5일, 겨울 밭. 땅이 잔뜩 웅크리고 있는 느낌.

1월 20일, 없을 것 같아도 꽤 먹을 게 있다.

당근 소테, 래디시 된장국, 잎채소 부침개.

초록빛 잎채소는 데쳐서 샤부샤부로.

오늘도 다양한 잎채소! 기름을 두르고 채소 볶음으로.

2월 12일, 수확할 채소가 거의 없어서 양배추 잎 한 장을 살짝 뜯어왔다.

수확한 것들로 차린 아침. 양배추 소테, 파와 가쓰오나 된장국, 래디시 샐러드.

무, 고들빼기, 다채, 쑥갓. 겨울은 벌레가 없어서 잎채소를 기르기 편하다.

고들빼기 심이 맛있다고 해서 잘게 채 썰어 요리했다. 아직은 덜 익은 맛이 난다.

2월 15일, 땅이 움츠리다 못해 점점 더 납작해지는 느낌. 아무것도 없는 것 같아도,

가까이 가서 보면 짠! 배추(너무 작아서 펼쳐져 있지만)도 브로콜리도 있다.

오늘은 소송채, 경수채, 갓, 파가 보인다.

모으고 모으니 이만큼!

오르되브르 | hors-d'oeuvre, 수프를 먹기 전에 내는 가벼운 요리 | 를 만들 수 있다.

수확한 채소와 집에 있던 호박, 감자를 더하면?

남은 재료는 샐러드로.

2월 18일, 푸른 잎사귀가 가득.

만든 반찬도 하나같이 초록 물결이다.

2월 25일, 춥다. 그래도 서리는 예쁘다!

넋 놓고 계속 보게 된다.

아이스플랜트 | 잎이나 줄기 표면에 투명한 결정체가
이슬처럼 맺힌 다육식물 일종 | 같다.

브로콜리도 서리에 덮여 예쁘다.

# 6막

## 다시, 봄을 기다리며

먹을 게
없다

정말 큰일 났다. 2월 22일, 내 마법의 양탄자인 길쭉한 우리 밭을 하루에 세 번이나 보러 갔는데 조금씩 따먹던 채소잎마저 다 지고 말았다. 소송채나 지지미나는 여전히 작게 올라오지만 턱없이 부족하다. 꽃대가 올라오면 거기 맺힌 꽃봉오리가 그렇게 맛있다는데 지금은 먹을 수 없다. 그렇다면 이제 남은 건 양배추뿐이다.

    양배추 잎은 면적이 넓어서 그런대로 먹을 만하다. 돼지고기 양배추 볶음을 만들고 싶다. 열이 닿는 순간 푸릇푸릇해지는 맛있는 양배추. 그런데 양배추 잎은 최대한 뜯고 싶지 않다. 이제부터 속 잎이 여러 겹으로 둥글게 차오를 테니. 속이 겹겹이 꽉 차면 감동스러울 것이다. 그래서 참기로 했다.

'한동안은 수확기가 아니라서 먹을 채소가 없구나' 하는 사실을 미리 알아 다행이다. 덕분에 앞으로의 계획도 세울 수 있었다. 내년 이 시기에는 저장해 둔 채소로 생활해야겠다. 당분간 채소는 다른 곳에서 사 먹기로 하자. 우리 밭에서 키우지 않는 채소로만. 이것이 내 최소한의 저항이다.

어제 마당 머위에서 어린 꽃줄기가 올라와 튀김을 만들었다. 정말 맛있었다. 가끔은 이런 것도 먹으며 이 시기를 잘 지나가야지.

---

오빠가 할 말이 있다며 찾아왔다. 오빠는 검은 개가 지키는 밭을 사용하기보다 지금 밭의 폭을 넓히는 게 어떻겠냐고 제안했다. 나에게도 그 편이 더 편하니 흔쾌히 받아들였다. 한편으로는 미안한 마음도 든다. 오빠는 검은 개가 지키는 밭을 언젠가 사용할 계획이어서 이렇게 하는 편이 더 좋다고 한다.

오빠랑 우리 밭을 보러 갔다. 이 정도까지만 넓히면 되지 않겠냐고 대략적인 위치를 가리키며 이야기했다. 점점 내 영토가 넓어지는 것을 보며 함께 웃었다.

검은 개가 지키는 밭은 짧은 환상처럼 사라졌다. 조금 아쉽긴 하다. 그곳은 야생적인 공간으로 사용하고 싶었는데. 아주 실험적인 밭 말이다. 하지만 뭐, 괜찮다.

▩

매화꽃을 보러 지인 집에 갔다. 선생님께는 일전에 수세미를 선물한 적이 있다. 이곳 마당 한 편에는 무농약 텃밭이 있는데 모든 식물이 쑥쑥 잘 자라고 있다. 꽃과 채소를 잘 기르는 분이다. 필요한 게 있으면 뭐든 가져가라고 한다.

'어? 가져가라고?' 요즘 도무지 수확할 채소가 없었는데 듣던 중 반가운 소리였다. 큰 무 두 개, 배추 꽃봉오리 여러 개, 실파, 마늘잎 등을 선물로 받았다. '꼭 우리 밭에서' 생활을 고집하려면 무리하지 말고 적당히 여유를 가지자고 생각했다. 차근차근, 할 수 있는 만큼 하면 된다. 아무것도 없을 때는 다시 누군가에게 도움을 구해야지.

매화꽃과 맑은 연못을 보고 나서 선생님은 야생 물냉이

가 자라는 곳을 알려줬다. 무쳐서 먹으면 맛있다고 한다. 비닐봉지에 야생 물냉이를 담아와 깨끗이 씻어서 삶아 먹었다. 무쳐 먹으니 더 맛있었다. 가져온 물냉이는 소분해 사흘 동안 매일 먹었다.

---

2센티미터 정도로 작은 브로콜리 줄기가 올라왔다. 초록색 봉오리와 작은 점들이 모여 있다. 며칠을 바라만 보다가 이제 채취할 때가 된 것 같아 가위로 잘랐다. 브로콜리는 삶아서 소금을 뿌려 먹었다. 사실 난 브로콜리를 별로 좋아하지 않는데도 우리 밭 브로콜리는 풋내 같은 게 전혀 없어 매우 맛있게 먹었다.

파는 채소와 직접 키운 채소는 왜 맛이 다른 걸까? 오크라와 강낭콩을 맛볼 때도 그 차이를 느꼈다. 요인은 여러 가지겠지만 완전히 다른 음식처럼 다가온다. 물론 직접 기른 채소 중에서도 맛이 없는 건 있다. 그런데 맛있는 채소는 정말이지 평소와 다른 음식 같아서 아주 근사한 요리를 먹고 있는 느낌이 든다.

3월 2일, 드디어 초미니 브로콜리를 수확했다.
데쳐서 작은 그릇에 담아 소금을 솔솔.

잎은 데쳐서 샐러드로 만들었다. 정말 맛있었다!

되도록 우리 밭에서 난 채소를 먹으려 하지만 요즘은 통 먹을 게 없다. 그럴 때는 길가 휴게소에서 재료를 산다. 얼마 전에는 외출했다가 돌아오는 길에 빵집에 들러 빵을 샀다. 맛있어 보이는 빵이 나란히 있어서 여섯 개나 집어 들었다. 종이컵에 담긴 따뜻한 커피를 서비스로 받았다. 주차장 안 전망 좋은 곳에 차를 세우고 멀리 있는 산을 바라보며 파니니를 먹었다. 토마토와 바질, 치즈가 들어간 파니니. 오랜만에 먹은 토마토와 바질 맛이 입맛을 돋운다. '그래, 이 조합은 정말 최고였지. 진짜 맛있다.'

제철을 의식하지 않을 때는 언제든 먹고 싶은 것을 먹었다. 가게에는 계절과 상관없이 뭐든 다 있는 법이니까. 오랫동안 먹지 않다가 오랜만에 먹었을 때 느끼는 어떤 맛의 감동은 항상 맛보며 때때로 느끼는 소소한 만족감의 총합과도 같다. 평균화해서 보면 결국 같다는 의미다. 지금껏 내가 살아오며 깨달은 법칙이다.

격렬한 기쁨, 잔잔한 기쁨, 극심한 슬픔, 나직한 슬픔… 크거나 작은 혹은 강렬하거나 잔잔한 모든 감정은 생을 균등하게 나눴을 때 누구에게나 같은 양으로 찾아간다고, 언제부턴가 그렇게 생각하게 되었다. 올여름에 토마토가 열리면 바질과 치즈를 넣어 샌드위치를 만들어야겠다.

▦

검은 개가 지키는 밭을 더 이상 사용하지 않기로 해서 작년에 심은 돼지감자를 캐러 갔다. 표식으로 꽂아놓은 막대기가 네 개 보인다. 그 부근을 중심으로 막대 사이를 삽으로 파헤쳤는데 돼지감자가 안 보인다. 그저 풀뿌리가 퍼져 있을 뿐이다. '음… 어디 있지? 도무지 모르겠네.' 검은 개가 무슨 일인가 궁금하다는 듯 내 쪽을 쳐다본다. "나 돼지감자를 캐러 왔어."

조금 더 파봤지만 끝내 돼지감자는 찾을 수 없었다. 이제 그만하자. 만약 싹이 나오면 그때 파는 게 좋겠다. 그사이 풀이 우거져 돼지감자를 영영 찾지 못하고 풀과 함께 베어낸다면 올가을 새로운 우리 밭에 씨돼지감자를 다시 심으면 그만이다. 검은 개에게 눈짓을 보내며 마음속으로 인사했다. '또 보자!'

## 새로운 이랑을 세우다

밭의 폭을 두 배로 늘리려 한다. 오빠에게 길이를 잰 뒤 선을 그어달라고 했다. 그 자리에 새로운 이랑을 세운다.

오늘은 3월 7일. 작년에는 4월 2일에 이랑을 세웠다. 그때는 땅속이 커다란 지렁이로 들끓어서 작업이 정말 힘들었다. 나는 지렁이가 정말 싫다. 괭이로 지렁이를 자를까 봐 어찌나 무섭던지. 이 자리는 예전에는 밭이었는데 지금은 풀만 가득하다. 가끔 오빠가 풀을 베고 이따금 경운기로 땅을 일군다. 두더지나 지렁이도 많다.

그런데 자연농을 시작하고 후반기로 갈수록 지렁이가 거

의 보이지 않았다. 안전한 곳으로 이동한 것인지도 모른다. 이후에 지렁이들은 또 어디로 옮겨가려나. 아직은 추워서 그런지 지렁이가 잘 안 보인다.

이랑 만들기 작업을 조금 더 진행했다. 다행히 지렁이는 없었다. 삽으로 땅을 파고 괭이로 들어 올린다. 갈색 흙을 퍼 올리거나 풀을 긁어 흙을 만지작거릴 때 문득 떠올랐다. 흙의 감촉, 이 느낌, 밭이랑을 만드는 느낌 말이다. 이랑 만들기는 새로운 가족의 탄생, 새로운 집 짓기와 같다. 마치 새로운 세상을 만드는 과정처럼 느껴진다.

잊고 있었다. 잊었던 건 기억으로 이어진다. 한 가닥의 실처럼, 빛처럼, 자연스럽게 원래 기억과 연결된다. 농한기 동안 채소를 키우지 않아서 잠시 잊었을 뿐이다. 다시 앞으로가 기대되기 시작했다. 작년에 잘 안되었던 것, 힘들었던 것, 실패했던 기억을 떠올리며 올해는 잘 될 수 있도록 해봐야지. 갑자기 의욕이 샘솟는다.

낙엽 퇴비를 만들고 싶다. 매년 마당에 떨어지는 나뭇잎이 상당하기 때문이다. 나무 말뚝을 박고 판자를 대강 둘러 간단하게 만들려 했는데 오빠가 남는 말뚝과 판자가 많다며 직접 만들어주겠다고 했다. 요란하게 떠들어대며 완성. 그런데 서로 착각해서 소통이 잘못되었는지 틀 길이가 달랐다.

서로 깔깔대며 큰 웃음을 터뜨렸다. 뭐, 흔히 있는 일이다. 오빠가 말하길 내가 도중에 시금치 솎아내기인지 뭔지를 하겠다며 일을 시작해 확인 질문에 제대로 답하지 않았기 때문이란다. 그랬던가? 어쨌든 이것으로 낙엽을 퇴비로 만들 수 있게 되었다.

이랑 만들기 작업은 계속 진행 중이다. 땅에 삽을 꽂아 선을 긋는다. 묵묵히 작업을 이어가며 생각했다. 이제껏 풀만 무성하던, 그저 공터에 불과하던 땅에 선을 긋고 흙을 파내면 이쪽이 이랑이라는 걸 누구나 알게 된다. 갑자기 밭이 생기는 것이다. 무에서 유가 창조된다. 무에서 유가 창조된다는 건 경계를 정하는 일, 경계를 표시하는 것일지도 모르겠다. 나도 알고 타인도 아는 경계를 공표하는 것, 그것이 곧 의미가 된다.

언어의 시작도 이와 마찬가지일 거라는 생각이 든다. 경계를 정하면 드러난다. 형태를 정하고 의미를 덧붙인다. 이로써 개념이 탄생한다.

밭을 확장하기로 했다.

먼저 삽으로 틀을 잡는다.

어떤 식으로 이랑 구획을 나눌까?

가로로 아홉 줄.

전보다 두 배 이상 넓어졌다. 너무 좋다!

여기서부터 새로운 밭이다. 변한 것은 없다. 단지 선을 그었을 뿐.

아침 일찍 밭을 둘러보러 갔다. 밭은 하얀 서리로 뒤덮였다. 누에콩 씨를 열 개 뿌렸는데 싹이 난 건 일곱 개다. 그마저도 어느새 서리로 새까맣게 변해 여전히 초록 잎을 보이는 건 여섯 개뿐이다.

밭이랑 사이로 난 좁은 통로를 걷는다. 얼마 전 폭을 넓히고부터 안쪽으로도 걸을 수 있게 되었다. '정말 편하네.' 종종걸음으로 길쭉한 직사각형 모양의 이랑 주위를 걷다가 문득 깨달았다. '어라? 지금까지는 소송채 부근에서 걸음을 멈춰야 했는데 지난번 이랑을 만든 뒤로 그 앞으로도 길이 생겼네?' 새로운 길이 생겨서 이제 저 너머까지 걸어갈 수 있다.

계속 앞으로 걸어봤다. 이랑이 다 완성되지 않아서 중간에 길이 막히긴 했지만 새로 난 길로 나아가던 순간이 꽤 감동적이었다.

길이 생겼다. 문득 게임 팩맨 | 팩맨을 움직여 고스트를 피해 다니며 아이

템을 먹는 스테이지형 게임|이 떠올랐다. 네모반듯한 마을 길을 거니는 나. 성큼성큼, 휙 꺾은 뒤 다시 성큼, 빙그르르 돌아서 다시 성큼. 그래 맞다. 이랑은 하나의 마을이자 나라다. 이랑을 만든다는 건 역시 마을을, 나라를 넓히는 일이다. 그것도 자유롭게 마음 가는 대로. 얼마나 즐거운가. 각종 동물이 다 사는 거대한 숲처럼 나도 원하는 대로 채소 나라를 만들어봐야겠다.

처음 반년 정도는 6평 땅으로도 충분했지만 점점 공간을 넓히고 싶은 욕구가 생겼다. 손이 많이 가지 않고 잎이 쑥쑥 잘 자라는 채소는 다른 공간에서 길러야겠다고도 생각했다. 그리고 사람들이 밭을 자꾸 넓히는 이유도 알 것 같았다. 그것은 마치 본능 같다. 어느 정도까지, 어쩌면 주인이 만족에 다다를 때까지는 더 넓히고 싶어 할 것이다.

밭을 가꾸다 보면 이런저런 생각이 떠올라 재미있다. 지금까지 겪은 일, 인간관계, 인생에 대해서 두루 생각하게 된다. 새로운 발견이나 난생처음 깨닫는 것들도 있다. 결국 밭에서는 채소만 일구는 게 아니다. 마음도 가꾸고 마음속 무언가를 꾸준히 키워낸다. 그건 밭일이 아니어도 어떤 일을 하든 마찬가지다. 꼭 일이 아니어도 살아가는 데 마음을 쏟는다면 비슷한 방식으로 발전해 가리라 믿고 싶다.

어디서 무엇을 하든 우리는 살아갈 수 있다. 그것만 깨달으면 무슨 일이 닥쳐도 괜찮다. 이것이 아니면 안 된다는 생각이 사라지기 때문이다. 무엇이든, 어떤 존재라도, 우리는 어디든 갈 수 있다. 그곳에 가 닿을 수 있다.

밭에 있는 나물과 꽃봉오리를 따서 데쳤다. 작은 겨자채, 고들빼기, 경수채, 소송채, 다채 꽃봉오리까지. 초록빛이 너무도 곱다. 맛간장에 무쳐 먹었다. 맛이 제각각이다. 남은 것은 다음 날 아침 된장국에 넣었다.

밭이랑 위에 올려놓은 풀뿌리를 두드려 풀과 흙을 분리했다. 이때 나오는 흙먼지가 엄청나다. 이 작업이 끝나면 땅 밑에 있는 다년초 뿌리를 괭이로 잘라내고 땅 윗면에 풀을 얹어 안정시켜야 한다. 작년에는 다년초 뿌리를 자르지 않은 채 씨를 듬뿍 뿌렸다가 띠 싹이 잔뜩 올라와 무척 고생했다. 지렁이가 많아서 뿌리를 자를 수도 없었지만. 꿈틀거리는 지렁이가 무서워서 이랑을 잘 관리하지 못하기도 했다. 올해는 제대로 땅을 쉬게 하고 나 자신도 차분한 마음으로 일을 시작하려 한다. 서두르거나 실수를 두려워하기보다 내년도, 내후년도 있다는 마음으로 지금 할 수 있는 것들을 해봐야지.

며칠 전 밭을 둘러보니 브로콜리가 줄기만 앙상하게 남아 있었다. 새가 먹은 것 같다. 어쩔 수 없다고 생각해 그냥 내버려뒀다. 그리고 오늘. 이번에는 양배추를 많이 쪼아 먹었다. 정말이지 이건 그냥 넘어갈 수 없다. 앞으로 먹을 채소는 양배추밖에 없는데 말이다.

큰일이다 싶어 차고에서 녹색 지지대와 그물망 등을 가져왔다. '어떻게 덮어씌우면 좋을까?' 여러 방법을 고심하다가 일단은 그물망을 덮고 돌로 눌러뒀다. 내일 홈센터에 가서 그물망을 땅에 고정하는 핀을 사 와야겠다.

양배추는, 아니 양배추만이라도 꼭 지켜야지. 청대 완두의 절반은 노랗게 말라 죽었다. 아마 두더지 때문인 것 같다. 스냅 완두콩도 일부는 색이 안 좋다. 담장 근처에 두더지 구멍이 크게 뚫려 있다. 거기는 작년에 강낭콩을 키운 곳인데 신기하게도 강낭콩은 아주 잘 자랐다.

## 성큼 다가온 봄

3월 12일, 오늘 기온은 23도다. 갑자기 따뜻해진 날씨에 마당에 있던 꽃이 피기 시작했다. 밭의 풀꽃도 피었다. 그러자 하얗고 노란 나비들이 날아다닌다. '나비다!' 드디어 올 게 왔다. 배추벌레의 계절이 시작되는 것이다. 마음의 준비가 필요하다.

해서 양배추와 브로콜리에 방조망│조류 피해를 막고자 밭에 치는 그물│을 씌웠다. '모든 이들이 거친 과정을 나도 지나는 것뿐이야'라고 생각하며 그물망에 핀을 꽂는다. 이제 조금 마음이 놓인다. 작년 3월에는 제대로 밭을 일군 상태가 아니었기에 양배추에 대해 너무 몰랐다.

새로 만든 이랑 위를 덮을 풀도 잔뜩 준비했다. 클로버, 살갈퀴, 광대나물 등을 묵묵히 베다가 쇠뜨기를 발견했다. '어! 쇠뜨기다.' 그곳만 피해 풀을 벴다. 제초한 풀은 큰 봉지 두 개에 나눠 담아 밭이랑 아홉 개 위에 흩뿌렸다. 갈색 땅이 초록빛으로 변하는 것을 바라보며 한시름 놓았다. 다만 이랑 윗부분만 그렇다. 이랑 사이사이 땅은 여전히 갈색 흙이 보인다. 이 구역도 어떻게든 해결해야 한다.

2월에는 먹을 게 거의 없지만 이제 작은 잎 하나에서도 꽃봉오리가 여럿 올라오려 한다. 그러니 그것들을 따서 무침으로 혹은 된장국 건더기로 먹으면 된다. '의외로 계속 나오네' 생각했다.

마당에 난 머위의 어린 꽃대는 된장 볶음, 튀김, 파스타에 넣어 먹었다. 쑥도 있고 앞으로 죽순이나 고비도 나올 것이다. 봄에는 자연에서 얻을 수 있는 것들이 많은 만큼 생활에 어려움이 없을 것으로 예상된다. 올해는 12월에서 2월 사이에도 먹을 수 있는 작물을 잘 생각하면서 키워야지. 무나 토란을 좀 더 많이 심어야겠다. 배추는 혹여 결구하지 않더라도 잎을 떼어내 먹으면 된다. 작물이 없을 때를 대비해 루콜라도 길러야지.

올해 농사 계획을 세우는 게 벌써부터 즐겁다. 하지만 너무 무리하지도 조급해하지도 말자. 완벽을 목표로 하지는 않을 것이다. 조금씩 즐기면서 하면 된다.

즐기지 못하면 주의해야 한다. 그건 뭔가 잘못되었다는 신호다. 인생은 계속된다. 그러니 서두를 필요가 없다. 얼마 전까지만 해도 '우리 밭에서 난 작물만 먹고 살겠어!'라며 완벽을 추구하던 고집스러운 내게 전하고픈 말이다.

잘 된 채소는 맛있게 먹고 잘 안된 채소는 근처에서 좋은 품목으로 조달한다! 내게는 '새로운 만남과 감별의 즐거움'이라는 두 선택지가 있다.

---

오빠가 만들어준 낙엽 퇴비 틀에 마당 낙엽이 꽤 모였다. 우리 집 마당에 떨어진 낙엽 중에서는 목련이 가장 커서 늘 지저분했는데 애들은 두껍고 커서 그런지 좀처럼 썩질 않는다. 목련을 중심으로 모았는데 두 번 담으니 벌써 한 통이 가득 찼다.

오빠에게 "이리 와봐!"라고 불러서 친히 보여줬다. "틀이 조금 낮네." 그래서 한 단 더 판자를 쌓았다. 그런 다음 물뿌리개로 낙엽 위에 물을 뿌린 뒤 쌀겨를 조금 끼얹었다. 발로 꾹꾹 밟아주니 통에 여유가 생겼다. 이걸로 낙엽 퇴비가 잘 만들어진다면 마당 낙엽도 자연스레 처리할 수 있으니 일석이조! 두 가지 이득을 동시에 볼 생각에 기분이 좋다.

고구마를 너무 많이 심어서 다음부터는 그러지 말아야겠다고 마음먹었다. 요전에는 고구마 모종을 사러 갔을 때 스무 개 묶음밖에 팔지 않아서 어쩔 수 없었다. 그걸 사서 다 심었더니 결국 수확도 많이 하게 된 것이다. 올해는 모종 다섯 개 정도만 심어 기르려 한다.

대신 감자를 더 심어보고 싶다. 많이 심으면 안 되는데 이미 예순 개나 있다. 이코마고원 부부가 키운 '나가사키 고가네'가 워낙 맛있어서 겨울에 먹으려고 인터넷으로 찾아 주문했었는데 그게 한 상자에 6킬로그램이었다. 먹다가 남은 걸 심어야지 싶어서 싹이 나길 기대하며 기다렸다. 기다리지 말고 다 먹을 걸 그랬나? 다행히 3월이 되자 싹이 나왔다. 햇볕을 쬐어 싹이 많이 나길 바랐는데 껍질이 살짝 파래졌다. 거기에 얼마 전 홈센터에 갔을 때 다양한 종류의 씨감자가 진열된 걸 보고 흥분한 나머지 다섯 개 품종으로 총 열여덟 개를 사버렸다. 시험 삼아 심어보고 싶었다.

어제 남은 '나가사키 고가네' 품종 큰 감자를 씨감자용으로 반 잘랐더니 오십 개 정도가 나왔다. 아무리 생각해도 너무 많아서 싹이 작은 감자를 다섯 개 정도 골랐다. 이것들은 그냥 먹어야겠다. 그렇게 씨감자가 총 예순세 개.

목욕탕 메이트에게 물었더니 "그건 좀 많아. 싹이 나고 초록색으로 변해도 껍질을 두껍게 깎아내면 먹을 수 있을 거야"라고 했다. 집에 돌아와 찬찬히 감자를 더 만져봤다. 아직 단단해서 먹을 수 있어 보이는 것들을 겨우 열 개 정도 골라냈다. 싹과 푸른 껍질을 두껍게 깎아낸 뒤 먹자.

해서 지금 차고에는 총 쉰세 개의 씨감자가 있다. 더는 줄일 수 없다. 게다가 이미 반으로 자른 건 나도 먹고 싶지 않다. 너무 많이 만들지 않도록 그렇게 주의하자 했는데 어떻게 일이 이렇게 되었다. 어디서 잘못된 걸까? '나가사키 고가네'가 맛있다는 강한 동경심에 눈이 멀어 앞을 내다보지 못

온천 증기로 고구마를 찐다.

다 쪘다! 굉장한 열기.

잘라서 햇볕에 말린 뒤,

밀폐 봉투에 나눠 담아서 냉동실로.

반건조한 고구마는 부드럽고 달달하다.

한 탓일까?

뭐, 어쩌겠는가. 감자는 고구마와 달리 반찬으로 먹을 수 있으니 괜찮을 거다. 참고로 고구마는 전부 온천 증기로 쪄서 말린 고구마로 만들었다. 어젯밤 완성되어 밀폐 봉투 열다섯 개에 나눠 담아 냉동했다. 달달하니 맛있었다.

밤사이 오랜만에 비가 내려 기쁜 마음으로 아침 정찰에 나섰다. 방조망을 씌운 양배추와 브로콜리도 확인했다. 괜찮아 보인다. 어설프게 그물망을 쳐놨던 브로콜리를 그 뒤로도 새가 쪼아먹었는지 어땠는지는 알 수 없다. 다만 종류가 같은 채소를 한 장소에 심지 않으면 그물망을 씌울 때 힘들다는 사실을 이번에야 알았다.

양배추와 브로콜리는 작은 싹이 올라왔을 때 솎아내는 게 아까워 빈자리에 조금씩 옮겨심었던 채소들이다. 그러다 보니 좁은 밭에서도 벌써 여섯 군데로 흩어져 자랐고 그러니 그물망도 여섯 군데에 칠 수밖에 없었다. 관리도 수확도 이 자리 저 자리 옮겨가며 하면 힘들다. 올해는 기필코 같은 채소는 한곳에 모아 심어야지.

▦

요즘 나에게 자주 하는 말이 있다. '무리해서 전부 재배하려 하지 말 것!'

다양한 채소를 심고 싶은 마음에 '실험'이라는 명목으로 너무 많은 씨를 샀다. 앞으로 뿌려야 할 채소 씨앗이 오십 종류나 된다. 이 씨앗을 전부 뿌려 정성껏 키우는 일은 솔직히 무리다.

씨앗 봉지 안에는 많게는 수백 개의 씨앗이 들어 있다. 아까워하지 말고 무조건 뿌려야겠다고도 생각하지 말고 눈에 보이는 만큼만 뿌려야지. 다섯 알도 충분하지 않을까? 같은 종류 모종은 세 개면 충분하다.

차분히 가꿀 수 있을 정도로만 심는다. '뭐 어때. 그냥 뿌리자. 어떻게든 될 거야'라고 생각하지 말고 가만히 참자. 그렇지 않으면 작은 싹이 우수수 올라와 결국 어느 하나 제대로 자라지 못하거나 관리만 힘들어질 것이다.

가끔 충동적으로 행동하는 나에게 가장 필요한 건 앞을

내다보고 행동하는 사려 깊음이다. 충동을 참으면 신기하게도 시간이 흘렀을 때 평온이 찾아온다. 천천히 하려 하면 어깨에서 힘이 빠지고 마음이 안정된다. 알아가는 즐거움이 오래 지속된다고 생각하면 된다.

## 키우고 싶은 꽃과
## 채소를 택하는 일

실험으로 산 씨감자를 드디어 심었다. 얼마나 깊게 심어야 할지 고민하면서. 도로변에 꽃나무도 심었다. 늘 잡초로 무성한 비탈길은 주로 띠와 같은 풀이 많았고 개중에 피안화나 개망초, 달래 등이 있었다. 가끔 그 앞을 지나는 사람들이 말을 걸기도 해서 꽃을 심는 등 그 주변을 예쁘게 가꾸면 좋겠다고 생각했다. 꽃은 집 마당에서 꺾꽂이한 것으로 심고 싶었다. 그래서 산수국, 체리세이지, 은매화, 좀조팝나무를 파서 가져왔다. 풀꽃이 피면 조금씩 더 심으려 한다. 한꺼번에 하기에는 힘들 테니 한 그루씩, 한 그루씩 늘려가야지.

다년초 묵은 뿌리를 파헤치는 동안 마당 잡초를 뽑거나 밭을 가꿀 때 들었던 생각이 다시금 떠올랐다. 마당에 꽃을 심을 때면 무의식중에 '뿌리를 잘 내렸으면 좋겠다' 하고 생각한다. '뿌리가 잘려도 괜찮을까?' '여기 심어도 괜찮을까?' 등 걱정이 앞서기도 한다. 잡초가 있으면 뿌리째 뽑아버린다. 잡초는 뿌리가 조금만 남아도 다시 자라나니까.

밭에 채소 모종을 심을 때도 뿌리를 잘 내릴지 걱정한다. 햇볕과 비도 신경 쓴다. 근처에 잡초가 있으면 바로 자르거나 뽑는다. 채소는 뿌리내리기 어렵고 잡초는 웬만해선 죽지 않는다. 무언가를 특별하게 키운다는 건 소중한 하나를 선택해 살리고 다른 하나는 포기하는 일이다. 키우고 싶은 꽃과 채소를 골라 살리고 원치 않는 잡초는 죽여야만 한다. 소중히 키우던 풀꽃이 너무 많아져서 중간에 뽑아야 했던 것처럼.

같은 생명인데 내가 원하는 것과 원하지 않는 것에 대한 반응이 이렇게나 다르다. 하지만 그날은 평소라면 싫어하던 잡초가 거름이 된다는 사실을 깨닫고 필사적으로 찾아 헤맸다. 그렇게 발견한 잡초는 귀한 보물처럼 보인다. 결국 내가 무엇을 원하는가가 중요하다. 원하는 마음은 내 자아다. 자아가 내가 속한 세상, 거기 존재하는 것들의 가치를 결정한다.

필요한 풀, 필요 없는 풀, 필요한 꽃, 필요 없는 꽃, 필요한 채소, 필요 없는 채소… 적어도 우리 밭 안에서는 내가 그 경계를 결정한다.

필요한지 아닌지는 때에 따라 어느 쪽으로든 바뀔 수 있다. 그렇게 생각하며 늘 뭔가를 죽이고 뭔가를 살리게 된다. 모두 그렇게 살아간다.

갑자기 따뜻해진 날씨에 들꽃이나 유채꽃이 피기 시작했다. 씨를 뿌리자. 올해는 육묘에 도전하고 싶지만 별로 자신이 없다. 육묘는 천천히 시도해야지. '이거다' 싶을 때 하자. 그것에 온전히 집중할 수 있을 때. 지금은 우선 따뜻한 날씨 덕에 기분이 좋다. 밖에 나가 흙을 손으로 만져보고 싶다. 그래서 씨앗 봉지 몇 개를 들고 밭으로 향했다. 작년에 심었던 걸 다시 그 근처에 심어보려 한다.

개인적으로 보라색 겨자채를 참 좋아한다. 작년에 잘 자라기도 했고 잎이 복잡한 형태를 띠고 있는 게 멋있다. 이것만 있으면 샐러드가 더 풍성해 보인다.

좋아하는 채소 씨앗을 뿌리는 일은 즐겁다. 래디시는 좋아하지 않아서 그 정도로 신이 나지는 않지만 올해 잘 자라면 좋아질지도 모른다.

꽃이 핀 경수채 사이에 경수채 씨를 뿌리려다가 잠시 고민에 빠졌다. 근처 풀을 벨지, 뽑을지, 아니면 그대로 둘지가 고민이다. 장소와 상황에 따라 가장 좋은 선택은 달라진다.

생각해 보면 흙 속 영양분이 잡초로 흡수되면 우리가 먹

을 수 없고 채소로 흡수되어야 우리 안으로 들어온다. 채소는 영양분을 인간에게 전달하는 중개자 역할을 한다. 과연 이 영양분은 잡초로 갈 것인가, 채소로 갈 것인가.

    채소마다 맛이 다르다는 건 정말 놀라운 일이다. 저마다의 음식에서 다양한 맛이 나는 걸 재미라고 해야 할까, 신비라고 해야 할까? 것도 아니면 호사라고 해야 하려나? 어찌 됐든 이런저런 맛을 음미할 수 있다는 게 꼭 문명이 주는 선물처럼 느껴진다.

⁂

채소는 불과 몇 센티미터부터 수십 센티미터까지 다양한 크기로 자란다. 나는 그중 작은 것은 아직 아이, 큰 것은 어른인 줄 알았는데 그렇지 않았다. 작든 크든 어느 계절이 되면 그 모습 그대로 똑같이 꽃을 피우고 씨를 맺는다. 외형만 다를 뿐이다.

    작년에 큰다닥냉이 씨를 뿌렸을 때 처음 그런 생각이 들었다. 3~10센티미터 되는 그리 크지 않은 큰다닥냉이 열댓 개가 가냘프게 한 줄로 줄지어 자라고 있었다. 잎을 조금 뜯어

씹어보니 좋은 향과 알싸한 맛이 났다. 하지만 먹을 만큼 자라지 않아 그냥 놔뒀다. 그러고 얼마 지나 어느새 꽃이 피기 시작했다. 가장 작은 녀석도 꽃을 피웠다. 작아도 어른이구나 싶어 깜짝 놀랐다.

그리고 지금 밭에 있는 유채꽃들도 한꺼번에 꽃대가 올라와 꽃을 피우고 있다. 모든 꽃이 비슷해 보이지만 잘 보면 조금씩 다르다. 노란색 꽃이 많다. 키가 작은 녀석들도 모두 꽃을 피운다. 이 정도면 나름 성공이다. 흐뭇하게 감탄하며 작디작은 소송채 꽃을 가만히 바라본다.

## 설렘과 권태
## 사이에서


앞으로의 작물 재배 계획을 세웠다. 노트에 간단히 그림을 그렸다. 작은 이랑을 아홉 개로 늘려서 정말 다행이다. 여기에는 당근, 저기에는 토마토, 올해는 수박도 성공시켜야지. 지난해 맛있게 먹었던 풋콩도 심어야겠다. 오크라도 맛있었는데 올해도 잘 되려나. 자신이 없다. 아! 땅콩도 심어야지.

지우개로 지운 뒤 다시 썼다. 하지만 분명 실제로 텃밭을 가꾸다 보면 생각지도 못한 일들이 일어날 것이다. 너무 빡빡하게 계획을 세우기보다 자연의 흐름에 맡기기로 한다. 얼마 전에 '서두르지 말기. 곧장 성공하기를 목표로 두지 말기'로

정한 만큼 어깨에 힘을 빼본다.

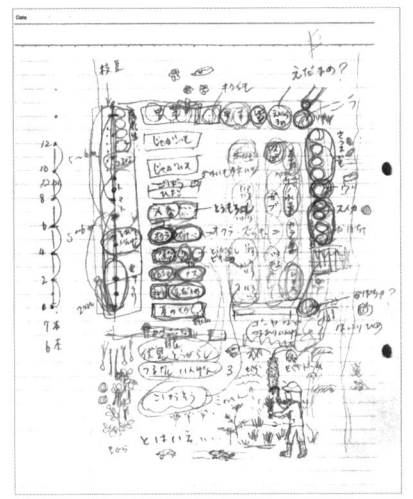

한 해에 이것도 저것도 다 하려는 생각은 버렸다. 올해 이것 하나, 저건 내년에, 또 다른 건 그다음 해에… 이렇게 조금씩 만들어가는 게 즐겁다. 정확히는 과정 자체가 행복이다. 매일 밭을 가꿔가는 하루하루가 선물 같다. 물론 일상에서는 그런 감정을 좀처럼 느끼지 못했다. 하지만 돌아보면 알 수 있다. 모든 과정이 선물이었다는 것을.

지인의 권유로 신사에서 행하는 수험도修驗道 비법 '사이토고마쿠|柴燈護摩供, 불 속에 제물을 던져 신에게 바치는 제사 의식으로 주로 야외에서 열

린다¹'를 볼 기회가 생겼다. 그게 뭔지도 모른 채 나다니기 싫어하는 무거운 엉덩이를 이끌고 나갔는데 정말이지 멋진 경험이었다.

자리에 있던 이들은 이삼십 명 남짓이었다. 이 행사만을 보고자 온 사람들도 물론 있겠지만 아이를 업은 젊은 여성, 노부인, 이웃 주민처럼 소박한 사람들이 대부분인 짧은 행사였다. 편백잎으로 뒤덮인 둥근 흙덩이에서 연기가 피어오르면 이내 불꽃이 주위를 에워쌌다. 처음에는 그 모습을 멍하니 바라봤는데 나중에는 빨려 들어갈 것만 같았다.

이것은 지극히 신성한 행위다. 수도자의 움직임과 기도, 마지막에 짧은 '보고' 순으로 이어졌다. 중요한 것만 서둘러 전하는 듯한 이야기, 모르긴 해도 이 의식이 꽤 귀중하다는 건 알 것 같았다.

"인연이 있는 분들과"라고 수도자는 말했다. 그렇다. 마지못해 온 나도 어쩌면 '인연'이었을지도 모르겠다. 그렇게 생각한 순간 정신이 번쩍 들고 침이 꼴깍 넘어가며 웃음이 났다. 수도자의 말은 과연 믿을 만했다. 수도자가 거기 모인 이들에게 말을 전할 때 공기 속에 아주 중요한 무언가가 실린 듯한 느낌이 들었다. 의식은 신에게 드렸어도 전하는 말은 우리에게 온다. 마지막으로 우리는 불 앞에 섰다. 수도자는 한 사람, 한 사람 등 뒤에 서서 어떤 행위를 했다. 환생 의식 같기도 하다.

행사에서 돌아온 뒤 여느 때와 다름없는 일상이 이어졌다. 하지만 내 마음은 어딘가 바뀌었다. 변화된 마음으로 주위를 둘러보니 지금 하는 일들이 조금은 다르게 느껴졌다. 뭔가 어긋났다는 기분도 들었다. '저건 이제 그만하자. 어떻게 그만둬야 할까? 그저 멀어지면 되는 건가?' 지금은 잘 모르겠지만 시간이 지나면 자연스레 알게 될 것이다.

밭에 가서 일을 시작한다. 퇴비는 발효가 안 되어서 결국 실패했다. 낙엽 퇴비를 발로 더 밟아줄까? 풀을 베어 이랑에 깔까? 두더지가 지나가서 움푹 팬 구멍을 메울까? 그런데 왠지 모든 게 내키지 않는다. 의욕이 생기지 않는다. 얼마 전까지만 해도 모든 작업이 즐거웠는데. 무슨 일이든 재미있어서 시간이 모자랄 정도였는데.

가끔은 이렇게 도무지 의욕이 생기지 않을 때가 있다. 좋아서 하는 일이나 작업은 본디 흥미가 밑바탕이 되어야 한다. 즐겁지 않거나 귀찮게 느껴진다면 어딘가 잘못된 것이다. 너무 서두르고 있지는 않은지, 무리하고 있는 건 아닌지, 큰 욕

심을 부리고 있지는 않은지… 여러모로 생각해 봐야 한다. 곰곰이 곱씹으면 잘못된 부분이 보인다.

'그거였구나.' 그렇게 잠시 멈춰 서서 안도의 숨을 내쉬면 힘이 빠진다. 긴장을 내려놓는 순간이다. 천천히 하자. 그러면 세상은 다시 흥미로워진다. 즐거운 무언가가 눈앞에 펼쳐진다. 눈앞에 새로운 세상이 펼쳐진다. 몇 번이고 새로워진다.

천천히, 자분자분, 몸에 힘을 빼자고 주문처럼 말했지만 사실 아직도 '천천히'가 어렵다. 입으로 몇 번을 되뇌어도 여전히 몸에 배지 않고 이해가 안 되는, 그런 시기가 있다. 무언가를 절실히 깨달았다고 해도 그때의 '앎'은 순간일 뿐이다. 겹겹이 찬 양파 껍질을 벗겨내는 과정과도 같다. 끝없이 이어지는 계단 중 겨우 한 계단 올라선 것에 불과하다. 앞으로 어떤 길이 펼쳐질지는 아무도 알 수 없다. 그래도 '알았다!' 하고 깨닫는 순간은 이루 말할 수 없이 기쁘다.

우리는 '알았다!'를 죽을 때까지 끊임없이 되풀이하다 어느 순간 '꽈당'하고 죽는 존재다. 쓰러진 자리마저 긴 계단의 한가운데일 뿐이다. 죽음 이후 맞이할 세계에서 여전히 '알았다!'를 반복하더라도 앞으로, 더 앞으로 나아가고 싶다.

3월 하순,
꽃봉오리가 봉긋

2월에는 먹을 채소가 없어서 걱정했는데 3월이 되자 푸성귀 잎 꽃봉오리가 봉긋하게 올라왔다. 꽃봉오리가 맛있다고 해서 볶거나 절이거나 된장국에 넣거나 했다. 스파게티에도 넣어 먹었다. 실로 다양한 방법으로 먹을 수 있었다.

 땅바닥에 딱 붙어 움츠려 있던 푸성귀 잎은 꽃이 피면서 갑자기 열 배, 아니 서른 배 넘는 크기로 자라나서 나를 깜짝 놀라게 했다. 무서울 만큼 강한 생명력이었다. 이 녀석은 눈치도 안 보고 남의 시선에도 아랑곳하지 않는 모양이다. 게다가 한 송이를 떼어내도 연거푸 또 다른 꽃봉오리가 올라온다. 따도 따도 계속 나오니 왠지 이득 보는 기분이다. 예상도 못 한 일이었다. 해서 3월은 늘 먹거리가 풍부했다. 물론 처음에는 꽃봉오리라 해서 좀 꺼려지기도 했다. 먹으면 안 될 것 같고 몸에 좋은지 나쁜지 고민되는, 그런 느낌?

오늘은 사람들에게 물어봐 알게 된 달래를 수확한다. 달래는 길과 밭 비탈길 풀숲에 많이 자란다. 가는 파처럼 생긴 잎으로 실파처럼 삶아서 초된장에 찍어 먹으면 맛있다고 한다. 풀밭 비탈길은 굴러다니는 돌이 많고 가끔 쓰레기도 떨어져 있다. 그래서 그 주변에서 자라는 채소는 먹기가 꽤 꺼려지지만 시험 삼아 열심히 캐봤다. 동그랗고 하얀 염교|らっきょう, 백합과 여러해살이풀로 '락교'라고도 부른다| 같은 뿌리가 붙어 있다. 일단 작고 가느다란 것까지 모두 캐봤다.

듣던 대로 깨끗이 씻은 뒤 삶아서 초된장에 찍어 먹으니 맛있었다. 1년에 한 번이라도 좋으니 매년 먹어야겠다. 그런 채소가 많다. 쑥 나물도 봄철 1년에 한 번 정도는 먹어도 좋다. 그렇게 치면 1년에 한 번 먹을 농작물만 꾸준히 찾아 먹어도 한 해가 금방 가겠다는 생각이 든다. 결국에는 이런 것이다. 1년에 한 번이라면 참소리쟁이 싹 무침도 쇠뜨기 조림도 과정이 귀찮아 그렇지 해 먹으면 만족스러운 것 아니겠나.

밭을 둘러본다. 알이 큰 누에콩은 심은 열 개 중 여섯 개만 자랐고 8센티미터 크기밖에 안 되는 초소형 식물이다. 서리를 여러 번 맞아서인지 잎이 새까맣게 변했다. 마늘도 가늘고 약하다. 얘는 씨마늘 상태가 좋지 않았던 것 같다. 먹으려고 산 마늘이었고 작고 바짝 말랐던 녀석을 심었으니 어쩔 수 없다. 헐값에 산 양파도 죽어간다. 얘도 모종이 안 좋았다. 애잔한 비실비실 트리오다. 앞으로 씨앗이나 모종은 확실하고 튼튼한 녀석들로 골라야지.

완두콩 3종(스냅 완두콩, 꼬투리 완두콩, 열매 완두콩)은 잘 자라는 것도 물론 있지만 갈색으로 시들기 시작한 녀석들도 더러 있다. 새롭게 만든 아홉 개의 밭이랑 중 세 번째 열에 감

달래를 따서 먹어본다.

동그랗고 하얀 형태다. 마치 그림 같다!

자, 병아리콩, 우엉 씨를 뿌렸다. 나머지 이랑은 당분간 휴식기를 갖도록 두었다.

올해는 많이 심지 않아도 된다. 떠오르는 영감에 맞춰 움직이면 그만이다. 침착하자. 밭도, 채소도 늘 그 자리에 있다. 천천히 하자. 차근히, 자분자분. 천천히 하면 할수록 과정에 있는 것들이 보인다. 그렇게 다가오는 것들을 제대로 보고 싶다. 되도록 느린 걸음으로 순간순간을 응시해야지. 그것만이 내 바람이다.

밭을 가꾸는 데 낯선 풀잎이 나왔다. 혹시 작년 여름에 뿌렸는데 싹이 나지 않은 솔장다리가 아닐까 싶어 주변 풀을 베어 깔아주고 정성껏 주변을 정리했다. 그러고 나서 옆쪽 제초 작업을 이어갔는데 같은 모양의 풀잎이 가득했다. '뭐야, 역시 잡초였구나.' 가만 보니 이 풀이 여기저기 다 올라왔다.

작지만 단단히 차오른 양배추는 이제 먹어도 될 것 같다. 작년 봄에는 배추벌레가 많아서 전혀 성장하지 않았는데 이렇게나 알차게 자라다니 너무 기뻤다. 겉잎을 툭툭 떼어내 썰어서 기름에 볶아 먹었다. 색도 예쁘고 부드러운 게 정말 맛있었다. 오랜만에 직접 키운 채소를 먹은 기분이다. 한동안 먹을 만한 제대로 된 채소가 없었으니 당연한 일이다.

사실 얼마 전 한동안 먹지 못한 당근을 가끔은 먹어줘야 하지 않을까 싶어서 마트에서 사 왔다. 크고 예쁜 당근이 두 개씩 담긴 봉투에 생산자 이름이 적혀 있었다. 그 당근을 둥글게 썰어서 소테를 만들었는데 맛이 좀 이상했다. 설명하기 힘든 불쾌한 맛이었다. 다음 날에는 당근을 가늘게 채 썰어 볶아볼 참이었다. 볶기 전에 당근을 날로 먹어봤는데 아니나 다를까 맛이 별로였다. 알싸하다 해야 할지 당근 비린내라 해야 할지… 도저히 먹을 수 없을 것 같아 그대로 버렸다. 지금까지 채소를 버린 적은 없었는데. 그런 뒤 우리 밭 양배추 심을 잘게 썰어 맛보았는데 단맛이 감도는 게 아주 맛있었다. 이상한 맛은 전혀 없었다. 양배추 본연의 맛이었다.

밭을 일구면서 나는 무의식적으로 '밖에서 산 채소는 믿을 수 없다'고 일부 생각하게 되었다. 어디서 어떤 식으로 재배했는지 알 수 없는 일 아닌가. 직접 키운 채소를 먹어보면 그 믿을 수 없는 부분이 고스란히 드러난다. 신뢰할 수 없는 느낌은 몸속 깊은 곳까지 이어지는 것 같다.

언젠가 사 먹는 채소와 직접 만든 채소는 타인의 아이와 내 아이, 타인의 부모와 내 부모만큼 다르다는 말을 한 적이 있다. 정말로 그렇다. 채소 맛도 마찬가지다. 모두 다 제각각이다.

참소리쟁이 먹는 법을 알게 되었다. 그래서 오늘은 야생초 몇 가지를 먹어보려 한다. 바구니와 주방용 가위를 챙겨 풀밭으로 들어갔다.

참소리쟁이 새싹은 자른 부분이 미끈거린다고 하던데 정말 그렇다. 그다음은 쑥. 얼마 전 처음으로 쑥 나물을 만들었는데 그때는 잎이 너무 작아서 더 큰 잎으로 만들면 좋겠다고 생각했다. 다행히 넓은 쑥잎이 올라오고 있다. 유채꽃도 몇 송이 따서 된장국에 넣어야겠다.

완성! 참소리쟁이는 음… 생각보다 맛있지 않았고, 쑥 나물은 쑥잎의 깊은 맛은 잘 느껴졌지만 내 입맛에는 그저 그랬다. 된장국에 넣은 유채꽃도 평범했다. 오늘의 요리는 그리 맛있지 않았다. 내 조리법이 잘못되었을지도 모른다. 연구

쑥. 참소리쟁이.

깨끗이 씻어서,

각각의 재료를 조리한다.

가 더 필요하다.

밭에 있던 흙을 퍼 와 모판으로 육묘를 키우고 있는데 배수가 안 좋은지 물이 잘 빠지지 않는다. 이 흙으로 육묘는 어려울 것 같다. 잡초 씨도 있고 잘 보면 벌레도 있어서 애써 가져온 흙 주머니 근처로 가고 싶지 않은 마음마저 든다.

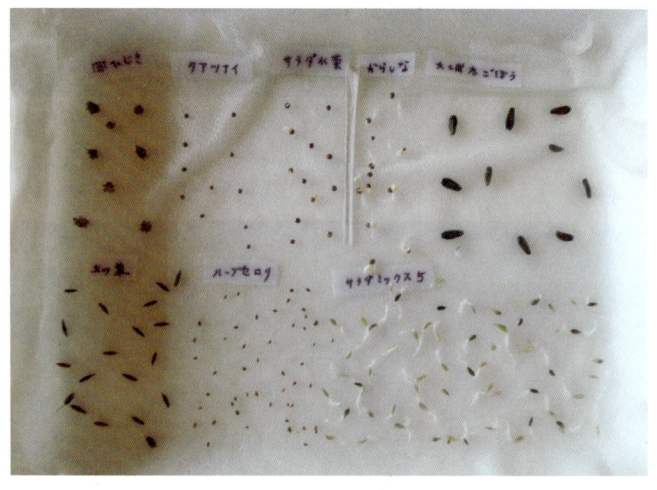

어려운 육묘 만들기. 우선 집에서 트레이를 놓고 만들어봤다.

그래! 종이 타월을 물에 적셔서 집 안에서 싹을 틔워볼까? 몇몇 씨앗을 쟁반에 놓고 싹을 틔우니 상추와 겨자채는 금방 싹이 났다. 작디작은 새싹, 음? 이건 뿌리인가? 하얀색이다. 이 녀석은 밭에 두면 금세 사라질 것만 같다. 일단 작은 모판에 옮겨 키워야겠다.

올해는 모판흙을 따로 깔 필요가 없을 것 같아서 홈센터에서 파종용 흙만 사 왔다. 모판에 파종용 흙을 채우고 싹(뿌리)이 나온 씨앗을 옮겨심었다. 상추가 수십 개 나왔다. 이렇게 많이는 필요 없을 수도 있지만 잘 뿌리내리면 좋겠다.

---

날씨가 더워져서 그런지 두더지 활동이 매우 활발해졌다. 아침에 순찰하다 보니 두더지 구멍이 꼬불꼬불하게 밭이랑을 가로지르고 있었다. 막 싹을 틔운 무나 작은 양파가 볼록하게 들린 채 올라왔다. '이를 어째.' 발로 밟을 수 있는 곳은 힘껏 밟지만 그럴 수 없는 곳도 있다.

작년에 산 이년생 모종인 아스파라거스 싹도 흙 속에서 올라오고 있다. 오! 가늘고 굵은 것이 세 개 정도다. '얘를 어

4월 1일. 부추, 아스파라거스, 스냅 완두콩.

간단히 기름 넣고 볶기. 윤기가 난다.

떻게 할까?' 싱싱한 새싹을 뽑는 일은 늘 망설여진다. 그 뒤에 올라온 싹을 겨우 두 개 따서 먹었다. 스냅 완두콩은 열매가 네 개 맺혔다. 또 작년 목욕탕 메이트에게 받은 부추 모종에서 새잎이 돋아 부추 달걀 요리에 넣을 요량으로 조금 잘랐다.

아스파라거스와 스냅 완두콩을 설레는 마음으로 맛보았다. 달고 부드러운 게 정말이지 맛있었다. '이 맛이야!'라고 외치고 싶은 느낌.

텃밭 사진 일기

다시, 봄편

3월 6일, 보라색 가느다란 채소가 겨자채. 이 형태가 너무 좋다.

오징어도 넣어 스파게티를 만들었다.

겨자채와 양배추 잎 한 장! 떫다!

모둠 커틀릿에 곁들였다.

끓는 물에 데친 잎. 이게 너무 맛있다.
보기만 해도 마음이 설렌다.

시금치 볶음. 결국 많이 자라지 못했다.
그래도 시금치는 늘 맛있다.

잎채소를 넣은 된장국. 집에서 말린 무말랭이도 넣었다.

봄 양배추는 온통 벌레가 갉아 먹어 작았지만, 겨울 양배추는 예쁘게 잘 자랐다!

양배추 볶음, 깔끔한 맛!

비실비실 트리오. 왼쪽부터 양파, 마늘, 누에콩.

양배추 단면.　　　　　　파 꽃봉오리는　　　　　　튀김으로!

아이들이 초등학교 때 사용하던 책상과 의자를 헛간에서 꺼내왔다.

1년 해보니 루콜라와 대파가 가장 손이 덜 가면서 쑥쑥 자란다.

녹색 채소 맛을 비교해 보니 저마다 고유의 맛이 있다.

아스파라거스, 양배추, 가쓰오나, 갓(다카나), 소송채, 브로콜리.

루콜라 꽃의 새로운 맛!

소금, 후추, 아마씨오일로 요리한다. 꽃 자체로도 맛있다.

오른쪽 구석에서 완두콩과 감자가 자라고 있다.

앞으로 우리 밭이 어떤 공간이 될지 기대된다.

## 마치는 글

한 해가 지나고
대망의 4월 2일

오늘 아침 최저기온이 4도로 예보되어서 어제 감자에 부직포를 덮어뒀다. 아침에 일어나서는 아스파라거스에 대해 알아봤다. 올라온 아스파라거스는 따도 되고 나중 것을 남겨두면 된다고 한다. 오히려 그대로 자라게 하면 안 된다고. 어떡하지? 따지 않은 첫 번째 싹이 이미 자랐을지도 모른다. 서둘러 밭으로 향했다.

    우선 감자에 덮어둔 부직포를 벗겨 상태를 살폈다. 괜찮았다. 그러고 나서 아스파라거스를 보니 가느다란 줄기가 이미 높이 자랐다. 굵은 것은 40센티미터 정도. 아슬아슬하다.

'흐음, 어떡하지? 수확할까? 이대로 둘까?' 아스파라거스 줄기 아래쪽은 이미 단단해졌다. 끝 쪽은 아직 괜찮아 보인다. 고민 끝에 수확하기로 했다. 가위로 싹둑.

집에 돌아와서 바로 아래쪽 껍질을 필러로 벗겨내고 일정한 폭으로 잘라 기름에 볶는다. 소금, 후추를 뿌리고 작은 접시에 담아 그대로 부엌에서 먹기 시작했다. '맛있다!' 줄기 아래쪽은 확실히 식감이 질겼지만 단단한 껍질 안쪽은 굉장히 달큼했다. 부드러운 줄기 부분보다 더 달게 느껴질 정도였다. 사탕수수 껍질을 씹어 먹듯이 아스파라거스 껍질도 아삭아삭 씹어 먹었다. 이 맛에 놀라지 않을 수 없었다. '어머, 이거 진짜 맛있네!'

아스파라거스 아래쪽 껍질을 필러로 벗겨내며 생각했다. 채소는 꽃봉오리가 생기고 꽃대가 길어지면 줄기가 단단해진다. 아스파라거스도 길게 자라기 시작하면 당연히 껍질이 딱딱해진다. 그 이유는 채소가 위로 높이 자라기 때문이다. 아스파라거스는 단단한 뿌리와 굳건한 줄기에 기대 자라난다. 사람도 마찬가지다. 크게 성장하려면 기초가 탄탄해야 하고 굳은 심지가 필요하다.

모판에 심은 상추는 떡잎이 되었다. 아직 다섯 잎 정도지만 그저 기쁘다. 밭에 나가서 오늘도 내가 할 일을 한다. 천천히 해나가려 마음먹었더니 아직은 별로 할 일이 없다. 제초 작업한 풀을 깔아놔야겠다.

오늘은 4월 2일이다. 밭이랑을 만들고 자연농을 시작한 게 작년 4월 2일이었으니 딱 1년이 지났다. 작년에는 조급한 마음에 우선 다양한 씨앗을 여기저기 뿌려놓고 어떻게든 빨리 결과를 보고 싶어 했다. 올해 마음은 좀 다르다. 생각보다 조급하지 않다. 그저 이 밭에 굉장히 신비로운 것, 좋은 것들이 숨어 있다는 사실을 안다. 흙 속에 묻힌 보물이 어디에 있는지는 나도 모른다. 바로 옆에 있는 줄도 모르고 반대쪽만 열심히 팔지도 모른다.

뭐 어찌 되든 좋지만 서두르다가 그것들을 다 놓치지 않도록 주의하려 한다. 나를 절제하는 방향으로 고삐를 당기며 나아갈 것이다.

자연농에 흥미를 느끼게 된 건 원래부터 채소 키우기에 관심이 있어서가 아니었다. 다른 것에 의존하지 않고 죽을 때까지 채소의 일생을 그럭저럭 살펴본다.
새싹, 어린잎을 먹는 채소,
잎, 줄기, 봉오리, 꽃, 열매, 씨, 뿌리를 먹는 채소…
실로 다양하다.

모든 부분을 맛있게 먹을 수 있다.

몰입할 수 있는 무언가, 앞으로 삶에서 내게 충족감을 줄 수 있는 무언가를 찾다가 발견한, 굳이 말하자면 남은 생의 사상이나 철학적 출입구에서 만난 존재였을 뿐이다.

'섬의 자연농원' 영상에서 소개한 가와구치 요시카즈 씨의 말을 듣고 거기에 강한 이끌림을 느꼈다. 해서 올해 정말 온 힘을 모아 열심히 일했다. 텃밭 생활 1년은 매우 즐거웠다. 다양한 것을 느끼고 생각할 수 있었다. 책 쓰기, 집안일, 마당일, 밭일… 무슨 일을 하든 새로운 발견이 있었고 새로운 실패도 남았다.

새로운 실패를 경험한다는 건 새로운 성공 가능성을 얻었다는 말과도 같다. 사람은 아니, 살아 있는 모든 존재는 아무리 나이를 먹어도 혹은 죽을 때까지 성장하려는 성질이 있는 모양이다. 어쩌면 이건 본능이다. 앞으로 무엇을 느끼며 살아갈지 상상조차 할 수 없지만 오늘 하루, 평범하게 살고 싶다. 오늘 할 일만을 즐겁게 하려 한다. 그렇게 생각하며 매일매일을 살아가야지. 독자들에게 내 삶을 나눌 또 다른 날들을 기대하며, 이만 안녕.

긴이로 나쓰오 銀色夏生

**2022년 5월 30일 밭 사진.**
새로운 밭이랑 안쪽부터 돼지감자, 토란, 감자, 우엉, 병아리콩, 당근, 풋콩, 오크라, 옥수수, 땅콩을 심었다. 경계망 밑에는 강낭콩, 애호박, 토마토, 호박, 수박을, 가장 오른쪽 밭이랑에는 상추, 가지, 피망, 파, 그 외 쑥갓꽃과 갓 씨앗 등 다양한 작물이 있다. 앞쪽 벽에 보이는 건 오이. 작년에 흘린 감자와 번행초도 싹이 올라왔다. 가운데 앞쪽으로 보이는 건 작년에 마당에서 가져와 옮겨심은 자귀나무 잎이다.

매일 사용하는 톱낫, 잘 파이는 괭이, 즐겨 신는 장화.

# 시인의 텃밭

초판 1쇄 발행 | 2025년 3월 25일

지은이 | 긴이로 나쓰오
옮긴이 | 박은주
디자인 | 형태와내용사이
펴낸곳 | 차츰
펴낸이 | 박햇님

등록 | 2021년 6월 24일 제2024-8호
주소 | 전북특별자치도 군산시 청소년회관로 55, 102-505
전화 | 063.465.1037  팩스 | 063.466.1037
전자우편 | chachum_books@naver.com
인스타그램 | @chachum_books

ISBN 978-11-981181-3-4 03830

* 잘못된 책은 구입하신 곳에서 바꾸어 드립니다.
* 책값은 뒤표지에 있습니다.